"十三五"国家重点图书出版规划项目

新版《列国志》与《国际组织志》联合编辑委员会

主　　任　谢伏瞻
副 主 任　李培林　蔡　昉
秘 书 长　马　援　谢寿光
委　　员（按姓氏音序排列）

陈东晓	陈　甦	陈志敏	陈众议	冯仲平	郝　平	黄　平
贾烈英	姜　锋	李安山	李晨阳	李东燕	李国强	李剑鸣
李绍先	李向阳	李永全	刘北成	刘德斌	刘新成	罗　林
彭　龙	钱乘旦	秦亚青	饶戈平	孙壮志	汪朝光	王　镭
王灵桂	王延中	王　正	吴白乙	邢广程	杨伯江	杨　光
于洪君	袁东振	张倩红	张宇燕	张蕴岭	赵忠秀	郑秉文
郑春荣	周　弘	庄国土	卓新平	邹治波		

国际组织志

INTERNATIONAL ORGANIZATIONS SURVEYS

集体安全条约组织

COLLECTIVE SECURITY TREATY ORGANIZATION

牛义臣 著

社会科学文献出版社
SOCIAL SCIENCES ACADEMIC PRESS (CHINA)

出版说明

自20世纪90年代以来，世界格局和形势发生重大变化，国际秩序进入深刻调整期。世界多极化、经济全球化、文化多样化、社会信息化加速发展，而与此同时，地缘冲突、经济危机、恐怖威胁、粮食安全、网络安全、环境和气候变化、跨国有组织犯罪等全球性问题变得更加突出，在应对这些问题时以联合国为中心的国际组织起到引领作用。特别是近年来，逆全球化思潮暗流涌动，单边主义泛起，贸易保护升级，以维护多边主义为旗帜的国际组织的地位和作用更加凸显。

作为发展中大国，中国是维护世界和平与发展的重要力量。对于世界而言，应对人类共同挑战，建设和改革全球治理体系，需要中国的参与；对于中国而言，国际组织不仅是中国实现、维护国家利益的重要途径，也是中国承担国际责任的重要平台。考虑到国际组织作为维护多边主义和世界和平与发展平台的重大作用，我们决定在以介绍世界各国及国际组织为要旨的《列国志》项目之下设立《国际组织志》子项目，将"国际组织"各卷次单独作为一个系列编撰出版。

从概念上讲，国际组织是具有国际性行为特征的组织，有广义、狭义之分。狭义上的国际组织仅指由两个或两个以上国家（或其他国际法主体）为实现特定目的和任务，依据其缔结的条约或其他正式法律文件建立的有一定规章制度的常设性机构，即通常所说的政府间国际组织（IGO）。这样的定义虽然明确，但在实际操作中对政府间国际组织的界定却不总是完全清晰的，因此我们在项目运作过程中参考了国际协会联盟（Union of International Associations，UIA）对国际组织的归类。除了会籍普遍性组织（Universal Membership Organizations）、洲际性组织（Intercontinental Membership Organizations）和区域性组织（Regionally Defined Membership Organizations）等常见的协定性国际组织形式外，UIA把具有特殊架构的组织也纳入政府间国际组织的范围，比如论坛性组织、国际集团等。考虑到这些新型国际组织数量增长较快，而且具有灵活、高效、低成本等优势，它们在全球事务中的协调作用及影响力不容忽视，所以我们将这些新型的国际组织也囊括其中。

广义上的国际组织除了政府间国际组织之外，还包括非政府间的国际组织（INGO），指的是由不同国家的社会团体或个人组成，为促进在政治、经济、科学技术、文化、宗教、人道主义及其他人类活动领域的国际合作而建立的一种非官方的国际联合体。非政府间国际组织的活动重点是社会发展领域，如扶贫、环保、教育、卫生等，因其独立性和专业性而在全球治理领域发挥着独特作用。鉴于此，我们将非政府间的国际组织也纳入《国际组织志》系列。

构建人类命运共同体，建设持久和平、普遍安全、共同繁荣、开放包容、清洁美丽的世界，是习近平总书记着眼人类发展和世界前途提出的中国理念，受到了国际社会的高度评价和热烈响应。中国作为负责任大国，正以更加积极的姿态参与推动人类命运共同体的建设，国际组织无疑是中国发挥作用的重要平台。这也是近年来我国从顶层设计的高度将国际组织人才培养提升到国家战略层面，加大国际组织人才培养力度的原因所在。

《国际组织志》丛书属于基础性研究，强调学术性、权威性、应用性，作者队伍由中国社会科学院国际研究学部及国内各高校、科研机构的专家学者组成。尽管目前国内有关国际组织的研究已经取得了较大进步，但仍存在许多亟待加强的地方，比如对有关国际组织制度、规范、法律、伦理等方面的研究还不充分，可供国际事务参与者借鉴参考的资料还很缺乏。

正因为如此，我们希望通过《国际组织志》这个项目，搭建起一个全国性的国际组织研究与出版平台。研究人员可以通过这个平台，充分利用已有的资料和成果，深入挖掘新的研究课题，推进我国国际组织领域的相关研究；从业人员可以通过这个平台，掌握国际组织的全面资料与最新资讯，提高参与国际事务的实践能力，更好地在国际舞台上施展才能，服务于国家发展战略；更重要的是，正在成长的新一代学子可以通过这个平台，汲取知识，快速成长为国家需要的全球治理人才。相信在各方的努力与支持下，《国际组织志》项目必将在新的国际国内环境中体现其独有的价值与意义！

新版《列国志》与《国际组织志》联合编辑委员会
2018年10月

前　　言

自1840年前后中国被迫开关、步入世界以来，对外国舆地政情的了解即应时而起。还在第一次鸦片战争期间，受林则徐之托，1842年魏源编辑刊刻了近代中国首部介绍当时世界主要国家舆地政情的大型志书《海国图志》。林、魏之目的是为长期生活在闭关锁国之中、对外部世界知之甚少的国人"睁眼看世界"，提供一部基本的参考资料，尤其是让当时中国的各级统治者知道"天朝上国"之外的天地，学习西方的科学技术，"师夷之长技以制夷"。这部著作，在当时乃至其后相当长一段时间内，产生过巨大影响，对国人了解外部世界起到了积极的作用。

自那时起中国认识世界、融入世界的步伐就再也没有停止过。中华人民共和国成立以后，尤其是1978年改革开放以来，中国更以主动的自信自强的积极姿态，加速融入世界的步伐。与之相适应，不同时期先后出版过相当数量的不同层次的有关国际问题、列国政情、异域风俗等方面的著作，数量之多，可谓汗牛充栋。它们对时人了解外部世界起到了积极的作用。

当今世界，资本与现代科技正以前所未有的速度与广度在国际流动和传播，"全球化"浪潮席卷世界各地，极大地影响着世界历史进程，对中国的发展也产生极其深刻的影响。面临不同以往的"大变局"，中国已经并将继续以更开放的姿态、更快的步伐全面步入世界，迎接时代的挑战。不同的是，我们所面临的已不是林则徐、魏源时代要不要"睁眼看世界"、要不要"开放"的问题，而是在新的历史条件下，在新的世界发展大势下，如何更好地步入世界，如何在融入世界的进程中更好地维护民族国家的主权与独立，积极参与国际事务，为维护世界和平，促进世界与人类共同发展做出贡献。这就要求我们对外部世界有比以往更深切、全面的了解，我们只有更全面、更深入地了解世界，才能在更高的层次上融入世界，也才能在融入世界的进程中不迷失方向，保持自我。

与此时代要求相比，已有的种种有关介绍、论述各国史地政情的著述，无论就规模还是内容来看，已远远不能适应我们了解外部世界的要求。人们期盼有更新、更系统、更权威的著作问世。

中国社会科学院作为国家哲学社会科学的最高研究机构和国际问题综合研究中心，有11个专门研究国际问题和外国问题的研究所，学科门类齐全，研究力量雄厚，有能力也有责任担当这一重任。早在20世纪90年代初，中国社会科学院的领导和中国社会科学出版社就提出编撰"简明国际百科全书"的设想。1993年3月11日，时任中国社会科学院院长的胡绳先生在科研局的一份报告上批示："我想，国际片各所可考虑出一套列国志，体例类似几年前出的《简明中国百科全书》，以一国（美、日、英、法等）或几个国家（北欧各国、印支各国）为一册，请考虑可行否。"

中国社会科学院科研局根据胡绳院长的批示，在调查研究的基础上，于1994年2月28日发出《关于编纂〈简明国际百科全书〉和〈列国志〉立项的通报》。《列国志》和《简明国际百科全书》一起被列为中国社会科学院重点项目。按照当时的计划，首先编写《简明国际百科全书》，待这一项目完成后，再着手编写《列国志》。

1998年，率先完成《简明国际百科全书》有关卷编写任务的研究所开始了《列国志》的编写工作。随后，其他研究所也陆续启动这一项目。为了保证《列国志》这套大型丛书的高质量，科研局和社会科学文献出版社于1999年1月27日召开国际学科片各研究所及世界历史研究所负责人会议，讨论了这套大型丛书的编写大纲及基本要求。根据会议精神，科研局随后印发了《关于〈列国志〉编写工作有关事项的通知》，陆续为启动项目拨付研究经费。

为了加强对《列国志》项目编撰出版工作的组织协调，根据时任中国社会科学院院长的李铁映同志的提议，2002年8月，成立了由分管国际学科片的陈佳贵副院长为主任的《列国志》编辑委员会。编委会成员包括国际片各研究所、科研局、研究生院及社会科学文献出版社等部门的主要领导及有关同志。科研局和社会科学文献出版社组成《列国志》项目工作组，社会科学文献出版社成立了《列国志》工作室。同年，《列国志》项目被批准为中国社会科学院重大课题，新闻出版总署将《列国志》项目列入国家重点图书出版计划。

在《列国志》编辑委员会的领导下，《列国志》各承担单位尤其是各位学者加快了编撰进度。作为一项大型研究项目和大型丛书，编委会对《列国志》提出的基本要求是：资料翔实、准确、最新，文笔流畅，学术性和可读性兼备。《列国志》之所以强调学术性，是因为这套丛书不是一般的"手册""概览"，而是在尽可能吸收前人成果的基础上，体现专家学者们的研究所得和个人见解。正因为如此，《列国志》在强调基本要求的同时，本着文责自负的原则，没有对各卷的具体内容及学术观点强行统一。应当指出，参加这一浩繁工程的，除了中国社会科学院的专业科研人员以外，还有院外的一些在该领域颇有研究的专家学者。

现在凝聚着数百位专家学者心血，共计141卷，涵盖了当今世界151个国家和地区以及数十个主要国际组织的《列国志》丛书，将陆续出版与广大读者见面。我们希望这样一套大型丛书，能为各级干部了解、认识当代世界各国及主要国际组织的情况，了解世界发展趋势，把握时代发展脉络，提供有益的帮助；希望它能成为我国外交外事工作者、国际经贸企业及日渐增多的广大出国公民和旅游者走向世界的忠实"向导"，引领其步入更广阔的世界；希望它在帮助中国人民认识世界的同时，也能够架起世界各国人民认识中国的一座"桥梁"，一座中国走向世界、世界走向中国的"桥梁"。

《列国志》编辑委员会
2003年6月

导　言

　　集体安全条约组织是由独联体框架内的《集体安全条约》机制发展而来的。1992年5月15日，俄罗斯、哈萨克斯坦、乌兹别克斯坦、塔吉克斯坦、亚美尼亚和吉尔吉斯斯坦的国家首脑签订了《集体安全条约》。之后，1993年9月24日阿塞拜疆签署该条约，1993年12月9日格鲁吉亚签署该条约，1993年12月31日白俄罗斯签署该条约。该条约于1994年4月20日正式生效，为期5年。1999年4月条约到期，俄罗斯、哈萨克斯坦、白俄罗斯、塔吉克斯坦、亚美尼亚和吉尔吉斯斯坦签订了《〈集体安全条约〉续约备忘录》，但阿塞拜疆、格鲁吉亚和乌兹别克斯坦三国并未续约。2002年5月，缔约国领导人通过决定，将《集体安全条约》改组为区域性国际组织——集体安全条约组织。2002年10月，6国签订了《集体安全条约组织章程》及相关法律文件。经过20多年的发展，集体安全条约组织已经成为一个有影响力的区域性组织。集体安全条约组织的发展并非一帆风顺，经历过早期的低迷，也遭遇过中途的减员。但新形势给集体安全条约组织发展带来了新机遇，恐怖主义等非传统安全威胁的上升促进了集体安全条约组织的进一步发展。实力得到恢复的俄罗斯成为集体安全条约组织的主导和强劲动力。自2002年集体安全条约组织正式成立以来，无论在法律基础、组织机制层面，还是在组织框架内成员国间的军事政治合作层面，都取得了一定的发展。

　　作为国际社会的一个行为体，集体安全条约组织的存在和发展，除了受其内部因素的影响，也受外部因素的影响，如随时代而变化的安全问题，以及其他国家和国际组织的发展。在集体安全条约组织产生和发展的过程中，美国和中国发挥着重要的作用，但两者的角色和作用存在明显不同。上海合作组织（简称"上合组织"）与集体安全条约组织存在密切的天然联系，两者之间有广阔的合作空间，却也面临相互竞争的因素。

　　集体安全条约组织走过了近30年的历程，达到了现在的发展水平。在当前时代背景下，基于其内外因素的相互影响和作用，可以预见集体安全条约组织仍有发展的空间和前景，同时也有一些尚待观察的可能性。集体安全条约组织是什么，将会怎样，都是值得关注和研究的问题。

CONTENTS 目 录

第一章　集体安全条约组织的产生和发展 / 1

第一节　《集体安全条约》机制 / 2
　一　《集体安全条约》的产生背景 / 3
　二　《集体安全条约》的签约和续约 / 9
　三　《集体安全条约》的机制建设 / 13
第二节　集体安全条约组织正式成立和现状 / 14
　一　集安组织的法律基础 / 14
　二　集安组织的机构及其职能 / 19
　三　集安组织的目标、原则及活动领域 / 21

第二章　集体安全条约组织的主要活动 / 25

第一节　集体安全体系的构建 / 25
　一　集安组织面临的威胁和挑战 / 25
　二　集体安全体系的基本架构和活动方向 / 28
第二节　集体安全条约组织军事领域的活动 / 30
　一　军事建设及军事技术合作 / 31
　二　军事演习和联合行动 / 34
　三　应对现实威胁 / 40

第三章　集体安全条约组织各成员国 / 47

第一节　俄罗斯 / 48
　一　转变对独联体政策 / 48
　二　重视集安组织发展 / 52

CONTENTS
目录

第二节　中亚成员国 / 55
　　一　哈萨克斯坦 / 57
　　二　吉尔吉斯斯坦 / 61
　　三　塔吉克斯坦 / 63
第三节　亚美尼亚和白俄罗斯 / 67
　　一　亚美尼亚 / 67
　　二　白俄罗斯 / 69

第四章　集体安全条约组织的前成员国 / 73

第一节　乌兹别克斯坦 / 73
　　一　"创始国"的退出 / 74
　　二　重回组织 / 76
　　三　再次退出 / 76
第二节　阿塞拜疆 / 80
　　一　被动加入条约 / 81
　　二　无奈另寻出路 / 82
　　三　双边合作化解多边压力 / 85
第三节　格鲁吉亚 / 87
　　一　无效的权宜之计 / 88
　　二　失败的武力尝试 / 89

第五章　集体安全条约组织的国际互动 / 91

第一节　主要大国与集安组织 / 91

CONTENTS 目录

　　一　美国等西方国家的影响 / 91
　　二　中国与集安组织 / 97
　第二节　集安组织与其他国际组织 / 102
　　一　集安组织与联合国 / 102
　　二　集安组织与欧安组织 / 104
　　三　集安组织与上合组织 / 106
　第三节　集安组织与乌克兰危机 / 109
　　一　集安组织对乌克兰危机的反应 / 109
　　二　乌克兰危机对集安组织的影响 / 114

结　语 / 123

附录1　《集体安全条约》/ 127

附录2　《〈集体安全条约〉缔约国集体安全构想》/ 131

附录3　《集体安全条约组织章程》/ 137

附录4　《集体安全条约组织2025年前集体安全战略》/ 147

大事纪年 / 159

参考文献 / 163

索　引 / 177

第一章
集体安全条约组织的产生和发展

纵观集体安全条约组织（简称"集安组织"）近30年的发展历程，其在不同阶段所覆盖的地理范围并不一致。1992年5月15日，第一批签订《集体安全条约》的有6个国家，分别是亚美尼亚、俄罗斯、哈萨克斯坦、乌兹别克斯坦、吉尔吉斯斯坦和塔吉克斯坦。白俄罗斯于1993年12月31日成为条约缔约国，阿塞拜疆于1993年9月24日、格鲁吉亚于1993年12月9日成为缔约国。直至1994年4月20日《集体安全条约》才正式生效，有效期为5年。1999年4月条约到期，乌兹别克斯坦、阿塞拜疆和格鲁吉亚三国退出了《集体安全条约》，亚美尼亚、白俄罗斯、哈萨克斯坦、吉尔吉斯斯坦、俄罗斯、塔吉克斯坦6国再次续约。2002年5月，缔约国领导人通过决定，在《集体安全条约》机制的基础上组建区域性国际组织——集体安全条约组织，并于2002年10月签订了《集体安全条约组织章程》及相关法律文件。集体安全条约组织的章程和确定法律地位的协定于2003年9月18日生效。[1] 后来乌兹别克斯坦又于2006年重新加入集体安全条约组织，于2012年6月再次宣布退出。

总体来看，集体安全条约组织的发展并非一帆风顺，不仅经历过《集体安全条约》签订生效之后的低迷，而且遭受过续约时严重减员的挫折，还有正式成立之后乌兹别克斯坦来而又去的波折。在这一过程中，各国根据形势的变化而选择自身立场、态度和去留，同时集体安全条约组织也在复杂的过程中摸索前行。

---

[1] Сайт ОДКБ, Общие сведения ОДКБ, http：//www.dkb.gov.ru/a/a.htm, 2013-02-05.

集体安全条约组织

第一节 《集体安全条约》机制

20世纪80年代后期的苏联危机四伏。戈尔巴乔夫上台之后进行的改革活动并没有扭转苏联社会的消极趋势。1991年,苏联的经济形势和社会状况都急剧恶化,苏联各地分离倾向日益加剧。作为苏联的创始国,俄罗斯、白俄罗斯、乌克兰三国领导人也在促进各自独立,并对保留苏联持消极态度。在潮流涌动之下,最终苏联的解体无法挽回。就在苏联一步步走向解体的过程中,一个新的联合体也在慢慢酝酿成形。1991年12月8日,俄罗斯、乌克兰和白俄罗斯三国首脑叶利钦、克拉夫丘克和舒什克维奇在白俄罗斯举行会晤,签订了《别洛韦日协议》,宣布苏联作为国际法主体和地缘政治的现实不复存在,并组建独立国家联合体。

1991年12月21日,俄罗斯、乌克兰、白俄罗斯、哈萨克斯坦、吉尔吉斯斯坦、塔吉克斯坦、乌兹别克斯坦、土库曼斯坦、阿塞拜疆、亚美尼亚和摩尔多瓦这11个苏联加盟共和国的首脑在阿拉木图进行会晤,讨论了一系列与组建独联体有关的问题。他们相继签订了《阿拉木图协议》《阿拉木图宣言》等一系列文件。独联体第一批机制性文件包括1991年12月8日的《明斯克协议》和12月21日的《阿拉木图协议》,后补充成为《独联体章程》。该章程于1993年在明斯克获得通过,1994年1月生效。在机制性文件的确认过程中,阿塞拜疆遇到了困难,其议会在1992年11月7日未能通过这些文件,而只作为独联体的观察员国。到1993年底,阿塞拜疆成为独联体成员国,1994年3月格鲁吉亚也正式加入独联体框架之内。当时,独联体包括俄罗斯、乌克兰、白俄罗斯、哈萨克斯坦、吉尔吉斯斯坦、塔吉克斯坦、乌兹别克斯坦、土库曼斯坦、阿塞拜疆、亚美尼亚、摩尔多瓦、格鲁吉亚在内的12个原苏联加盟共和国。[①]

[①] 土库曼斯坦因奉行"积极中立"的外交政策,于2005年从正式成员国变成了联系国;2008年8月8日格鲁吉亚在与俄罗斯发生五天的武装冲突后,于8月18日递交申请退出独联体,按《独联体章程》,格鲁吉亚于递交申请一年后的2009年8月正式退出独联体。虽然习惯上乌克兰被认为是独联体成员国,但乌克兰从一开始就没有完全接受独联体的规章。

第一章　集体安全条约组织的产生和发展

一　《集体安全条约》的产生背景

苏联突然解体催生了15个国家，同时也带来了一系列的地区问题，其中就包括怎样维护该地区的和平、稳定与安全，如何避免中央权力瘫痪后区域无政府状态下出现内部动乱或遭受外来入侵等对国家来说至关重要的问题。于是，独联体国家在获得主权和自由的同时，也必须承担起维护国家生存发展环境的职责，解决安全问题成为独联体国家必须面对的首要任务。独联体成立之后允许各成员国组建自己的常规武装力量，各国也纷纷开始建立自己的国防机构，并对在本国境内的原苏联军队、武器装备及军事设施进行"共和国化"。但并不是所有新独立的国家都有机会接收苏联有价值的遗产，也不是每个国家都有能力保护自己的领土和边界。而在当时的情况下，独联体不仅存在新独立国家内部和相互之间的安全问题，独联体外部也存在安全隐患。

（一）区域内安全局势

苏联解体使其加盟共和国经受了剧烈的冲击和考验。中亚原本就是一个历史文化和民族关系比较复杂的地区，存在和隐含着各种不稳定因素。在强有力的中央政权消失之际，各种力量跃跃欲试，试图在动荡之中成就一番"伟业"。中亚各共和国国内也出现了各种各样的社会团体和政治组织，其中不乏谋求民族分离的组织。这些组织往往以维护民族利益的面目出现，实际上都在觊觎政权，特别是1990年2月，苏共中央决定取消《苏联宪法》第6条即共产党垄断政权的条款后，具有民族主义倾向的政党和组织纷纷建立起来，如哈萨克斯坦的"阿拉什党"、乌兹别克斯坦的"乌兹别克人民阵线"、塔吉克斯坦的"伊斯兰复兴党"等。[①] 这对中亚各加盟共和国政权来说，无疑是一个严峻的挑战。其中，乌兹别克斯坦、塔吉克斯坦和土库曼斯坦的局势失控，塔吉克斯坦局势尤其危险。这些国家的领导人遇到了来自反对派（地方民族主义者和响应"伊斯兰民主"

---

① 赵常庆主编《十年巨变——中亚与外高加索卷》，中共党史出版社，2004，第12～13页。

口号者）的强力竞争。对乌兹别克斯坦和土库曼斯坦政府来说，重要的是制止反对派的独立意图并阻止他们成为地方政治进程的中心。①

在各国反对派极力谋求夺权的过程中，一些民族和宗教情绪也被煽动起来，各种极端思潮不断滋生，特别是宗教极端主义、民族分裂主义泛滥，导致民族纠纷接连不断，中亚国家社会形势急剧恶化，其中吉尔吉斯斯坦的形势非常严峻。1990 年 6 月，在吉尔吉斯斯坦南部奥什州，乌兹别克人与吉尔吉斯人发生械斗，攻击政府和内务部机关，造成 139 人死亡、486 人受伤。同年 7 月，在吉尔吉斯斯坦贾拉勒阿巴德市和奥什市又爆发吉尔吉斯人和乌兹别克人之间的冲突。1990 年 6 月在哈萨克斯坦新乌津市，当地民族与迁居这里的南高加索人发生民族冲突，也有人员伤亡。②虽然中亚五国领导人为应对严峻形势，于 1990 年 6 月在阿拉木图发表联合公告，呼吁中亚各国人民保持冷静和团结，"不久前我们忽视社会发展规律，教条地看待生活现实，我们为这些错误付出了巨大的代价。所有这一切都必然在经济和社会领域、社会道德和精神健康方面表现出来。可惜，出现的困难被一些破坏力量利用于不良目的，它们煽动情绪，散布恐慌，包括散播民族间的仇视。近来这往往导致严重后果、发生冲突，经常酿成悲剧，只会带来悲伤和痛苦"，③但对控制形势并未起到多大的效果。其中情况最为严重的是塔吉克斯坦，在社会动荡和政权斗争等矛盾叠加的情况下，塔吉克斯坦爆发内战。

南高加索同样是一个历史关系复杂、民族问题交错的地区，一直都不稳定。格鲁吉亚、阿塞拜疆和亚美尼亚三个国家在走上独立自主的道路的同时，除了各国内部争权的政治斗争外，更面临领土和主权争端。1991 年格鲁吉亚爆发反对执政者兹·加姆萨胡尔季阿的大规模内战，次年 1 月

---

① А. Д. Богатуров，А. С. Дундич，В. Г. Коргун，и др；отв. Ред. А. Д. Богатуров. Международные отношения в Центральной Азии：События и документы. Учеб. Пособие для студентов вузов. М. ：Аспект пресс，2011，с. 228.
② 赵常庆主编《十年巨变——中亚与外高加索卷》，中共党史出版社，2004，第 12 页。
③ А. Д. Богатуров，А. С. Дундич，В. Г. Коргун，и др；отв. Ред. А. Д. Богатуров. Международные отношения в Центральной Азии：События и документы. Учеб. Пособие для студентов вузов. М. ：Аспект пресс，2011，сс. 415 – 416.

反对派成立的军事委员会宣布接管共和国全部权力，3月，曾任苏联外长的前共和国领导人爱·谢瓦尔德纳泽回国执政。① 但国内混乱的局势仍无法得到扭转。与此同时，阿布哈兹和南奥塞梯的分离行动成为格鲁吉亚抹不去的伤痛。而阿塞拜疆和亚美尼亚的各种矛盾相对集中地聚焦在两国之间的领土争端上。

阿布哈兹于1921年根据联盟条约并入格鲁吉亚，1931年成为格鲁吉亚的自治共和国。阿布哈兹知识分子和党的领导人不止一次地向联盟中央请求把阿布哈兹划归俄罗斯。1990年阿布哈兹发布主权宣言，宣布退出格鲁吉亚。阿布哈兹的举动引起了格鲁吉亚的强烈回应。1992年7月，阿布哈兹决定脱离格鲁吉亚而独立，随即遭到格鲁吉亚的强硬反制。阿布哈兹分离主义武装对格鲁吉亚进驻阿布哈兹军队发动攻击，双方军事行动不断升级。

苏联将高加索山以北称为北高加索，划归俄罗斯，高加索山以南称为南高加索，格鲁吉亚就位于南高加索地区。而分布于高加索山南北两边的奥塞梯也被分为南北两部分，北奥塞梯划归俄罗斯，南奥塞梯划归格鲁吉亚，这为之后的分离主义埋下隐患。苏联时期，南奥塞梯就曾争取联邦主体地位与北奥塞梯合并加入俄罗斯。1990年9月，南奥塞梯宣布退出格鲁吉亚，成立"隶属于苏联的南奥塞梯苏维埃共和国"。同年12月，格鲁吉亚当局派军队进驻南奥塞梯。1991年11月，南奥塞梯当局再次做出决定要与俄罗斯合并，继续与格鲁吉亚展开对抗。苏联解体后，南奥塞梯一直谋求独立，以求脱离格鲁吉亚中央政府的管辖。1992年，南奥塞梯通过全民公决，要求成立独立共和国及与北奥塞梯合并，使局势的紧张程度进一步升级，双方武装不断交火进而导致大规模冲突。②

阿塞拜疆与亚美尼亚两国围绕纳戈尔诺-卡拉巴赫地区的归属问题的争端可谓由来已久。这一地区有着复杂的历史和文化渊源。在19世纪初

---

① 赵常庆主编《十年巨变——中亚与外高加索卷》，中共党史出版社，2004，第284页。
② 赵常庆主编《十年巨变——中亚与外高加索卷》，中共党史出版社，2004，第292页。

以前，在该地区居住的主要是阿塞拜疆人，后来信奉基督教的亚美尼亚人进入该地区。1923年之前，该地区是亚美尼亚共和国的一部分，而苏联政府把它划归阿塞拜疆共和国。由于该地区居民以亚美尼亚人为主，他们对隶属于阿塞拜疆表示不满。1988年纳卡州苏维埃两次做出决议，要求把纳卡划归亚美尼亚管辖，此后纳卡地区从政治经济上实际脱离了阿塞拜疆的控制。亚美尼亚共和国也曾多次向苏联中央请愿，希望把这块居民以亚美尼亚人为主的"飞地"划归亚美尼亚管辖，但这一问题一直也没有得到苏联中央的明确答复。

1990年，围绕民族和领土问题，亚美尼亚和阿塞拜疆之间的关系越来越紧张，不仅迫使大量亚美尼亚人从阿塞拜疆逃离、阿塞拜疆人从亚美尼亚迁走，还时常发生流血事件，双方边界地区也开始发生武装冲突。1991年7月，纳卡地区的阿塞拜疆武装人员开始大规模进攻亚美尼亚人居住区。同年11月，阿塞拜疆最高苏维埃通过法律，取消纳卡州的自治地位。12月10日，纳卡州苏维埃宣布根据在当地亚美尼亚族居民公决的结果，决定成立共和国，脱离阿塞拜疆而独立。[①] 问题不断朝着不可调和的方向发展，苏联解体使局势面临新的问题，不再受中央政权制约的两个国家武装冲突不断升级，最终导致了两个国家之间的战争。

（二）周边安全环境

以美国为首的北约构成了独联体的西部周边环境。独联体成立初期，西部周边的环境比较平稳，没有外界压力。这与当时美国和西方对独联体政策直接相关。此时，美国和西方面对独联体的主要目标在于维护后苏联地区的稳定，从而巩固冷战胜利的成果。其面对的主要问题有：解决苏联遗留下的核武器问题，防止苏联解体造成核武器扩散，支持新生国家的独立和政治民主化。苏联解体之初，安全领域中西方关注的是苏联遗留下来的核武器问题。而在一些独联体国家看来，与自己命运直接相关的不仅是美、欧等西方国家和地区，更有与自己直接相邻的国家，其中可能有潜在的安全威胁。这些情况使一些独联体国家迫切需

[①] 赵常庆主编《十年巨变——中亚与外高加索卷》，中共党史出版社，2004，第289页。

要通过相互联合来抵御可能出现的外在风险，因为多数独联体国家没有能力为自身安全提供保障。但需要指出的是，虽然苏联解体缓解了西方对苏联地区的对抗态度，甚至拉近了西方与新独立国家的关系，但西方并不能将这些国家纳入自己的保护范围，也不能为独联体国家提供可靠的安全保障。

独联体南部周边环境要复杂得多。面对的国家多，从西往东数，有土耳其、伊朗、阿富汗、中国，与新独立的独联体邻国相比，这些国家处于各种不同的状态，实力上也各有不同。在苏联解体留下"权力真空"的情况下，它们对相邻的独联体国家会采取什么策略，可能施加什么影响，就成为值得令人担忧的事情。

随着苏联的解体，土耳其也曾试图在南高加索和中亚地区增强自己的地缘政治影响力。土耳其这一想法若得以实现，其在北约以及其他国际组织（如伊斯兰议会组织）中的威望便会得到较大提升。事实上，土耳其具有一定的前提条件来实现自己的愿望。因为当时的土耳其对于阿塞拜疆、乌兹别克斯坦、土库曼斯坦，在一定程度上还包括吉尔吉斯斯坦，是以伊斯兰居民为主的民族国家建设的典范。[①] 当时的土耳其领导人仍继续通过冷战格局来理解俄罗斯，倾向于谈来自俄罗斯的威胁。按土耳其的理解，俄罗斯试图在南高加索和中亚地区加强影响。因此土耳其的分析家们坚称，西方不愿为上述地区的原苏联独立出的国家提供实际支持，是在为北约和土耳其自身制造军事威胁。也正是这个原因，在对莫斯科的态度上，它比华盛顿和布鲁塞尔更为消极。但在20世纪90年代上半期，北约的成员国身份不允许土耳其完全自由地决定其与阿塞拜疆和其他原苏联地区的突厥语国家进行军事合作。[②] 这在一定程度上限制了土耳其对独联体国家施加影响的能力。即便如此，土耳其在独联体伊斯兰国家中的作用也不容忽视。从这段

[①] Н. С. Ниязов, Основные векторы политики военной безопасности Азербайджанской Республики в 1994–2010 годы, СПб. : СПбГУ, 2010, с. 15.

[②] Н. С. Ниязов, Основные векторы политики военной безопасности Азербайджанской Республики в 1994–2010 годы, СПб. : СПбГУ, 2010, сс. 15–16.

时间起,土耳其在加强与中亚国家政治交往、加大经济援助和文化渗透的同时,也在向中亚地区大力渗透"泛突厥主义"思想。中亚国家内部的"泛突厥主义"思潮,在内外因素的共同作用下也活跃起来,各种"泛突厥主义"组织纷纷恢复活动,其中不乏持极端观点的组织团体,造成中亚国家的政局动荡。

伊朗曾深刻经历了伊斯兰革命,在1979年后的一段时间里也曾积极向外输出"伊斯兰革命"。在冷战结束前后,伊朗虽然停止了输出"伊斯兰革命"和"泛伊斯兰主义",但其借助历史文化因素在独联体伊斯兰地区仍具有一定的影响力。

基于原苏联与阿富汗的关系,以及阿富汗国内政治的发展状况,新独立的中亚国家,尤其是与阿富汗相邻的土库曼斯坦、乌兹别克斯坦和塔吉克斯坦,直接面临来自阿富汗的困扰。1989年苏联从阿富汗撤军之后,阿富汗局势陷入混乱之中,这仿佛在与阿富汗毗邻而居的中亚国家身边放了个火药桶。再加上它们与阿富汗有着跨界而居的各民族居民,更为边境地区的国家间武装分子的相互渗透提供了条件。例如,塔吉克斯坦反对派武装力量就以阿富汗北部为基地,经常越过边界,伺机渗透入塔吉克斯坦境内展开活动。再加上宗教激进主义在阿富汗影响甚广,这对以信奉伊斯兰教为主的中亚国家来说也是重要的危险因素。

历史遗留问题成为哈萨克斯坦、吉尔吉斯斯坦、塔吉克斯坦和俄罗斯继承的"沉重遗产"。在苏联解体之前的几年里,中苏关系有所缓和,走向正常化道路。但中苏之间关于边境问题余音未消,领土问题尚未完全解决。苏联解体后,苏中边界成为俄罗斯、哈萨克斯坦、吉尔吉斯斯坦、塔吉克斯坦四国分别与中国的边界。原先由强大的苏联来应付的问题,刚独立的虚弱国家无力独自承担。

独联体作为一个平台,需要一个有效的协调成员国内部安全关系的规则和机制。新独立国家失去了统一的安全保障,面临独自承担生存安危的责任。这对大部分原苏联加盟共和国来说,是一个无法完成的任务。客观的安全需求促使独联体国家进行联合,以解决区域稳定和安全等问题,由此,《集体安全条约》应运而生。

二 《集体安全条约》的签约和续约

独联体刚刚成立，整个地区处于动荡之中。各新独立国家都在为本国的独立和生存忙碌，在共同瓜分苏联留下的遗产的同时，一些国家在为苏联时期就存在但一直未能解决的争端而斗争，一些国家急着从西方得到所需的各种援助。但在短短的两年时间内，局势发生了不小的变化，各国从初获独立时的兴奋与憧憬中回到了现实。首先，一些国家意识到独立和自由并不能带来想要的一切，在追求美好愿望的道路上即使付出了血的代价，却未必能如愿以偿。格鲁吉亚试图用武力解决阿布哈兹和南奥塞梯分离的问题未能如愿，经过两年多的斗争和冲突，不得不在俄罗斯的调停之下于1994年5月签订了停火协定。阿塞拜疆和亚美尼亚之间围绕纳戈尔-卡拉巴赫地区的争端也是兵戎相见，双方在僵持不下的军事斗争过程中，在政治和外交上也进行着各自的努力。在内政、外交经受了各种煎熬之后，双方也于1994年5月在俄罗斯的斡旋下签订了停火协议。其次，独联体国家也看到了一个不愿意看到的事实，西方并不像想象中的那样慷慨，它们不仅不是按照新兴国家渴望的方式给予支援，甚至连本已许诺的援助都无法兑现。抱着对残酷现实的无奈和遭遇挫折的委屈，这些独联体国家开始期盼用另一种方式来摆脱所处的困境，进而谋求国家的稳定和发展。

在独联体已经成立的基础上，1992年5月15日俄罗斯、哈萨克斯坦、乌兹别克斯坦、塔吉克斯坦、亚美尼亚和吉尔吉斯斯坦的国家首脑签订了《集体安全条约》。之后，1993年9月24日阿塞拜疆签署条约，1993年12月9日格鲁吉亚签署条约，1993年12月31日白俄罗斯签署条约。① 经各缔约国签署同意，《集体安全条约》（参见附录1）于1994年4月20日正式生效，根据条约第十一条规定，条约有效期为5年，可持续延期。

---

① Сайт ОДКБ, Основополагающие документы, http://www.dkb.gov.ru/f/azc.htm, 2013-03-11.

集体安全条约组织

从条约的内容可以看出，其目的和任务主要包括三个方面。一是协调缔约国之间的关系。规范解决缔约国之间矛盾的方式，强调在相互关系中应该放弃采取武力和以武力相威胁，坚持以和平方式解决自身与其他国家间的矛盾分歧，在缔约国之间出现与条约某些原则解释和措施相关的任何问题，都应本着友好、相互尊重和相互理解的精神共同解决。二是协调对外关系。条约不损害缔约国与其他国家签订的双边和多边条约及协议所规定的权利和义务，不针对第三国，缔约国将不加入军事同盟或参与任何国家集团，以及反对其他缔约国的行动，缔约国间应就所有涉及缔约国利益的重大国际安全问题进行磋商，并协调立场。三是应对侵略威胁。当一个或多个缔约国领土完整和主权安全遭到威胁或是国际和平与安全受到威胁时，缔约国应立即进行共同磋商、协调立场并采取措施消除威胁，如果一个缔约国受到来自某一国家或国家集团的侵略，则将视为针对本条约所有缔约国的侵略，当出现对任一缔约国的侵略行为时，其他缔约国将向其提供包括军事援助在内的必要援助，并遵照《联合国宪章》第 51 款运用实施集体防御法可支配手段提供支持。①

《集体安全条约》于 1995 年 11 月 1 日在联合国秘书处注册。1995 年 2 月各缔约国制定了《〈集体安全条约〉缔约国宣言》、《〈集体安全条约〉缔约国集体安全构想》（以下简称《构想》）和《加强军事合作的重要方向的实施计划》。《〈集体安全条约〉缔约国集体安全构想》中提到了在后苏联空间建立集体安全体系的基本方向和三个阶段。在其实施的第二阶段，预设在《集体安全条约》框架内组建统一军团以应对可能发生的外部侵略。同时，《构想》的提出者们还打算解决组建联合武装力量的问题。《构想》还规定，缔约国可以在其他缔约国境内部署军事基地。《〈集体安全条约〉缔约国宣言》中称，"在集体安全领域联合所有力量，缔约国将自己创建的集体安全体系视为全欧洲安全体系的组成部

---

① Сайт МИД РФ, Договор о коллективной безопасности, http://www.mid.ru/bdomp/ns-rsng.nsf/3a813e35eb116963432569ee0048fdbe/7b26f92ab3bc6b0843256b0b0027825a!OpenDocument, 2011-10-17.

分，以及在亚洲可能的安全体系的部分"。1995年，在《集体安全条约》机制内提出了组建地区集体安全体系的任务。1999年制定的《构建集体安全体系第二阶段计划》提出在东欧、高加索和中亚方向组建地区武装力量。

《集体安全条约》机制为维护独联体地区的稳定发挥了一定的作用。例如，1994年5月格鲁吉亚的阿布哈兹、亚美尼亚与阿塞拜疆之间停火协议的签订，虽然主要是在俄罗斯的调停和斡旋之下达成的，但不能说没有《集体安全条约》机制的影响。只是在之后的发展中，《集体安全条约》机制并没能像所有缔约国期望的那样发挥实质性的作用。相对于部分缔约国的诉求来说，《集体安全条约》缺乏满足其愿望的能力。这导致《集体安全条约》机制对个别缔约国失去了信服力和感召力。1999年条约期满之际，缔约国在续约问题上的态度出现分化。俄罗斯、白俄罗斯、亚美尼亚、哈萨克斯坦、吉尔吉斯斯坦、塔吉克斯坦表示愿意续约。1999年4月2日，以上6个国家在莫斯科举行的集体安全理事会会议上签订了《〈集体安全条约〉续约备忘录》，备忘录规定条约有效期自动延长5年。① 阿塞拜疆、格鲁吉亚和乌兹别克斯坦三国决定退出《集体安全条约》而未签订该备忘录。于是《集体安全条约》在本该迎来新一期的时候，却失去了1/3的成员。

这三个国家不愿续签《集体安全条约》，原因是多方面的，其中最重要的一个原因，是它们在《集体安全条约》框架内未能达到所期望的效果，对《集体安全条约》机制表示失望。与此同时，它们在国际舞台的其他方向看到了新的希望和机会。对阿塞拜疆来说，"与亚美尼亚的战争迫使阿塞拜疆将军事安全问题放在了国家建设的第一位。解决这一问题的重要途径之一就是找到盟友，能在其与亚美尼亚的冲突中支持阿塞拜疆"。② 而一个明显的事实是《集体安全条约》机制及其缔约国无法满足阿塞拜疆的这一

---

① Сайт ОДКБ, Общие сведения ОДКБ, http：//www.dkb.gov.ru/a/a.htm, 2013-02-05.
② Н. С. Ниязов, Основные векторы политики военной безопасности Азербайджанской Республики в 1994-2010 годы, СПб. : СПбГУ, 2010, с. 11.

迫切需求。格鲁吉亚则是希望通过《集体安全条约》来拉近与俄罗斯的关系，以换取俄罗斯在阿布哈兹和南奥塞梯问题上对格鲁吉亚的理解和支持。显然格鲁吉亚的愿望没有达成。乌兹别克斯坦则是担心会重新陷入对"帝国中央"严重的政治和经济依赖。当俄罗斯积极准备在独联体范围内推进超国家的一体化进程时，乌兹别克斯坦的这种担心变得更加强烈。1996年3月，俄罗斯国家杜马通过了"撤销解散苏联决定的决议"，乌兹别克斯坦政府对此进行了严厉的谴责，担心俄罗斯有"恢复帝国的野心"，害怕丧失国家的独立和主权。在这三个国家对《集体安全条约》和俄罗斯的行动充满失望和戒心的同时，西方不失时机地出现在了它们面前。

这一时期，随着独联体地区形势的变化，西方有了新的任务和行动方向。苏联遗留下的核武器得到了裁撤，乌克兰、白俄罗斯和哈萨克斯坦实现了无核化。对西方安全构成重大威胁的核武器问题基本按预期得到了解决，但俄罗斯没有朝着西方预期的方向发展。俄罗斯不仅放弃了"一边倒"的亲西方政策，而且开始寻求在独联体地区建立自己特殊的影响。这也促使西方开始重新考虑对俄罗斯和其他独联体国家的政策。在独联体地区，俄罗斯在努力恢复和加强自身的地位和影响，而以美国为首的西方则展开了同俄罗斯的竞争。美国等西方国家在已有的基础上进一步加深了同独联体国家的交往与合作，以扩展其在独联体区域的利益和影响，并遏制俄罗斯对独联体国家的控制。虽然俄方不情愿，但美国等西方国家在不断推进双边和多边关系的情况下，依然在独联体地区形成了自己的影响。

"古阿姆"集团的形成和发展，是美国这一阶段在独联体地区取得的重要外交成果。在美国的大力影响下，1997年10月，格鲁吉亚、乌克兰、阿塞拜疆、摩尔多瓦四国领导人发表联合声明，即《斯塔拉斯堡宣言》，各方就共同关心的问题进行了讨论，范围包括地区经济、政治和安全等领域，相互承诺将就宣言中提到的问题进行进一步对话和交流。"古阿姆"集团活动就此开始。"古阿姆"机制一方面为成员国之间展开各领域合作与交流提供了平台，另一方面为促进成员国与西方和世界进行沟通与合作提供了机会，同时也为削弱和平衡俄罗斯对其成员国的影响创造了一定的条件。这样一个亲西疏俄的团体，吸引了乌兹别克斯坦的注意。1999年4月24日，在华盛顿的北约周年峰会上乌兹别克斯坦加入"古阿姆"集团。

可以说,《集体安全条约》续签过程中的减员现象,是独联体内外因素共同作用的结果。包括俄罗斯强国意识的觉醒和维护传统势力范围思想的表露,格鲁吉亚和阿塞拜疆对约机制的失望,乌兹别克斯坦对该条约框架未来发展的担心,也包括美国等西方国家对独联体国家实施的分化和拉拢。《集体安全条约》机制此阶段的发展,体现出独联体各国在两极格局瓦解之后,都在努力地寻找符合自己的位置和方向。俄罗斯作为大国,在经历了一番波折之后逐渐找回了自己。而其他的独联体国家,却未必都能在复杂多变的国际局势中顺利找到自己的准确定位。

三 《集体安全条约》的机制建设

1992年7月6日,《集体安全条约》缔约国签订了《批准集体安全理事会规章的协定》。1993年12月24日,集体安全理事会根据《集体安全条约》和《集体安全理事会规章》,决定任命沙巴尼科夫·根纳吉·伊万诺维奇为集体安全理事会秘书长,任期为6个月。之后数年,《集体安全条约》机制发展几乎陷于停滞。经过1999年续约的波折,《集体安全条约》虽减员1/3,却迎来了机制发展的新阶段。2000年《集体安全条约》机制框架内通过了《关于加强〈集体安全条约〉效率及其适应当前地缘政治局势的备忘录》,它反映出《集体安全条约》机制在应对区域和国际安全新挑战及威胁方面存在迫切的现实需要,为《集体安全条约》机制在集体基础上保障其缔约国安全而升级为国际组织奠定了法理基础。2000年,在《集体安全条约》机制框架内签订了《军事技术合作基本原则协定》,这是缔约国之间在加强军事技术合作道路上的重要一步。2000~2001年,缔约国还签订了《关于组建集体安全体系力量和资源的协定》《关于组建和运行〈集体安全条约〉缔约国集体安全体系力量和资源的备忘录》等具有重要意义的文件。根据2001年集体安全理事会的决议,建立了中亚集体安全区集体快速部署部队,这成为《集体安全条约》机制框架内军事建设方面开创性的举措。同时,机制内建立和完善《集体安全条约》协商机构的行动也在展开,成立的相关机构有外交部长和国防

集体安全条约组织

部长理事会、安全理事会秘书委员会,建立集体安全部队工作秘书处,设立包括集体安全理事会、外交部长和国防部长理事会以及有缔约国副外长和副防长及专家参与的咨询程序。[①]

第二节 集体安全条约组织正式成立和现状

经过数年的磨合与积累,在《集体安全条约》框架内的一系列法律条文和组织机构,成了集体安全条约组织正式成立的必要基础和前提。到2002年,《集体安全条约》机制迎来了重要的发展节点。在缔约国的推动下,该机制迈上了成为区域性国际组织的道路。2002年5月缔约国领导人通过决定,将《集体安全条约》改组为区域性国际组织——集体安全条约组织。2002年10月6日,各缔约国签订了《集体安全条约组织章程》及相关法律文件。2003年9月18日,各缔约国完成了对《集体安全条约组织章程》和《关于集体安全条约组织法律地位协定》的批准程序。就此文件生效,该组织在此基础上开始运行。

一 集安组织的法律基础

1992年5月,《集体安全条约》签订之后基本保持后续的机制建设工作。自2002年集体安全条约组织正式成立之后,与之前相比,其发展节奏明显加快。其中一个重要的方面就是法律基础建设取得的成果。作为从无到有发展起来的机制,面临的首要任务就是建立健全自身存在和发展的法律基础。经过两个阶段近30年的发展积累,集安组织已具有坚实的法律基础,而且至今仍处在不断丰富和完善的进程之中。1992年5月15日至2017年12月,在集体安全条约组织及其前身《集体安全条约》框架内,已签订各类文件321个,包括关于国际合作原则问题的国际条约,就组织内外事务发表的声明,做出的决议,制定的计划、规划和规章制度等。其中基础性法律文件如下:

---

① Сайт ОДКБ, Общие сведения ОДКБ, http://www.dkb.gov.ru/a/a.htm, 2013-02-05.

1992年5月15日签订、2010年12月10日修订的《集体安全条约》。

1992年7月6日签订的《批准集体安全理事会规章的协定》。

1995年2月10日签订、2016年修订的《〈集体安全条约〉缔约国集体安全构想》《加深〈集体安全条约〉缔约国军事合作主要方向》《〈集体安全条约〉缔约国宣言》《〈集体安全条约〉向联合国注册的决定》等。

1996年,《集体安全理事会关于调整〈集体安全条约〉落实工作协调机构活动的决定》。

1997年,《关于〈集体安全条约〉缔约国间举行磋商的程序规章》。

1998年,《集体安全条约》缔约国外长理事会通过《〈集体安全条约〉缔约国驻集体安全理事会全权代表章程〉的决定》《〈集体安全条约〉缔约国外长理事会赋予集体安全理事会秘书处文件保管职能的决定》。

1999年,《〈集体安全条约〉续约备忘录》《集体安全体系建立第二阶段的主要行动计划(2001年前)》《关于〈集体安全条约〉缔约国外长理事会的规章》。

2000年5月24日,6国在明斯克签订的《关于提升1992年5月15日〈集体安全条约〉有效性及其对当今地缘政治局势适应性的备忘录》。

2000年6月20日在莫斯科签订,2003年9月19日、2007年10月6日、2010年12月10日分别修订的《关于〈集体安全条约〉缔约国间军事技术合作基本原则的协定》。

2001年,《成立〈集体安全条约〉缔约国集体安全体系国家间军事管理机构的决定》《〈集体安全条约〉缔约国发表关于美国遭受恐怖主义袭击的声明》等。

2002年10月7日签订、2010年12月10日修订的《集体安全条约组织章程》。

2002年10月7日签订、2007年10月6日修订的《集体安全条约组织法律地位协定》。

2003年4月28日,集体安全理事会《关于组建集体安全条约组织联合参谋部的决定》等。

2003年12月19日,签订《俄罗斯联邦与集体安全条约组织关于在

集体安全条约组织

俄罗斯联邦领土上设立集体安全条约组织秘书处相关条件的协定》等。

2004年6月18日，签订《集体安全条约组织程序法》《加入和退出集体安全条约组织的程序规章》《成员国暂停参与集体安全条约组织机构活动或将其开除出集体安全条约组织的规章》《在集体安全条约组织框架内相互保守秘密信息的协定》等。

2005年，《2006~2010年集体安全条约组织成员国军事技术合作规划纲要》《关于为集体安全条约组织成员国培养军事人才的协定》等。

2006年，《在集体安全条约组织框架下打击恐怖主义和毒品威胁的共同行动规划》《恢复乌兹别克斯坦成员国的决定》等。

2007年，《关于集体安全条约组织维和行动的协定》《关于在出现侵略威胁或发生侵略行为时向集体安全条约组织成员国提供军事技术援助机制的协定》《关于修订〈集体安全条约组织法律地位协定〉的备忘录》《关于建立集体安全条约组织集体安全体系力量和资源管理体系的协定》《以优惠条件提供专业技术和专业资源的协定》等。

2007年10月6日，签订《关于集体安全条约组织维和行动的协定》。

2008年，《在集体安全条约组织框架内加强反毒行动的补充措施》《修订〈关于中亚集体安全区集体快速部署部队的决定〉的决定》等。

2009年，《2012年前集体安全条约组织成员国建设集体安全体系的主要活动方向》《集体安全理事会关于集体安全条约组织联合参谋部机构改革和补充功能的决定》《关于集体安全条约组织集体安全体系力量和资源隐秘管理体系建设基本原则的协定》《集体安全理事会关于2012年前集体安全条约组织成员国建设集体安全体系行动计划的决定》等。

2010年，《关于修订〈集体安全条约〉的协定》《关于修订〈集体安全条约组织章程〉的备忘录》《关于修订〈集体安全条约组织程序法〉的决定》《关于集体安全条约组织成员国紧急状态集体响应体系建设计划的决定》等。

2011年，《关于建立集体安全条约组织成员国信息协调政策基础的第一阶段措施计划》《关于集体安全条约组织成员国突发事件应对程序的条例》《集体安全条约组织应对来自阿富汗境内的安全威胁的行动计划》《关于在集体安全条约组织成员国领土上部署军事设施的备忘录》等。①

2010年12月10日,在莫斯科签订《关于形成集体安全条约组织集体安全体系力量和手段的地位的协定》。

2010年12月10日,在莫斯科签订《关于集体安全条约组织集体安全体系力量和手段的形成与运作程序的协定》。

2011年12月20日,在莫斯科签订《关于在集体安全条约组织成员国境内部署军事基础设施的协议》(见表1-1)。

表1-1 集体安全条约组织框架内签订法律文件数量概览

单位:个

时间	签订文件个数	地点
1992年5月、7月	2	塔什干、莫斯科
1993年12月	6	阿什哈巴德
1995年2月、5月、11月	7	阿拉木图、明斯克、莫斯科
1996年5月	1	莫斯科
1997年3月	1	莫斯科
1998年3月	2	莫斯科
1999年2月	3	莫斯科
2000年5月、6月、10月	14	明斯克、莫斯科、比什凯克
2001年5月、9月	7	埃里温、埃里温
2002年5月、10月	11	莫斯科、基什尼奥夫
2003年4月	13	杜尚别
2004年6月	10	阿斯塔纳
2005年6月	13	莫斯科
2006年6月	13	明斯克
2007年10月	23	杜尚别
2008年9月	13	莫斯科
2009年2月、6月	16	莫斯科、莫斯科
2010年10月	33	莫斯科
2011年12月	24	莫斯科

① Сайт ОДКБ, Нормативные правовые документы, подписанные в рамках ОДКБ, http://www.dkb.gov.ru/f/azc.htm, 2012-9-11.

集体安全条约组织

续表

时间	签订文件个数	地点
2012 年 12 月	18	莫斯科
2013 年 9 月	8	索契
2014 年 12 月	21	莫斯科
2015 年 9 月、12 月	15 + 4	杜尚别、莫斯科
2016 年 10 月	22	埃里温
2017 年 11 月	21	明斯克

资料来源：1992~2013 年的资料来源于 Нормативные правовые документы, подписанные в рамках ОДКБ, http：//www.odkb-csto.org/documents/detail.php? ELEMENT_ID = 133；2014~2017 年的资料来源于 http：//www.odkb-csto.org/documents/。

从文件涉及的内容来看，其随着时间的变化呈现一定的趋势。集体安全条约组织前期形成的法律文件日渐丰富，其中基本以规章制度性内容为主，并有涉及集体安全保障机制和行动措施的内容。1995 年，《集体安全条约》机制的活动活跃，开始出现建设实际机制的内容。2002 年是承前启后的阶段，有对之前的总结，也有对未来的展望。2003~2004 年，关于集体安全条约组织机制建设和机构功能方面的规定性文件比较多。2005 年之后，仍有很多建设性的内容出现，涉及集体安全体系建设、军事合作、反恐、反毒品等领域，并开始大量出现对以前协定和文件的修订与补充文件。这表明随着局势的不断发展，集体安全条约组织也在对以往的规则内容进行调整。2010 年和 2012 年，除工作报告、预算和结算报告成为例行组织文件外，与保障信息安全及保障体系、培训安全人员及其设施建设、应对紧急状态等内容相关的文件开始增多。2013 年以来，集安组织在继续加强推进自身建设和非传统安全领域合作的同时，针对地区局势和热点问题的发声也在增加。①

---

① 例如：2013 年 9 月集体安全条约组织集体安全理事会《集体安全条约组织成员国关于叙利亚境内及其周边局势的声明》，2016 年 10 月在埃里温发布的集安组织成员国元首《关于单边行动部署全球反导系统对国际安全与稳定的影响声明》，2016 年 10 月在埃里温发布的集安组织成员国元首《关于纳戈尔诺-卡拉巴赫冲突的声明》，2017 年 11 月在明斯克发布的集安组织成员国元首《关于叙利亚及其周边局势的声明》等。

二 集安组织的机构及其职能

当前集体安全条约组织框架内的主要机构包括集体安全理事会（简称理事会）、外交部长理事会（简称外长理事会）、国防部长理事会（简称防长理事会）、安全会议秘书委员会、常务理事会、组织秘书处（简称秘书处）和联合参谋部（简称参谋部）等。其中，集体安全理事会、外交部长理事会、国防部长理事会、安全理事会秘书委员会、议会大会是法定机构，负责提供政策指导和对组织的重大问题做出决定；外交部长理事会、国防部长理事会、安全会议秘书委员会是组织的咨询和执行机构；集体安全条约组织秘书处、集体安全条约组织联合参谋部是集体安全条约组织的常设工作机构。这些机构的功能和运作秩序按《集体安全条约组织章程》的规定以及经理事会批准的其他规定进行。

集体安全理事会是集体安全条约组织的最高机关，由组织成员国元首组成。该机构研究集体安全条约组织活动的原则性问题，为实现其目标和任务做出相应决定，并为实现这些目标保障各成员国的协调和联合行动。各国外交部长、国防部长、安全理事会秘书、组织秘书长、组织成员国常驻和全权代表及应邀人员可以参加理事会会议。理事会有权组建集安组织的常设和临时性工作及辅助机构。若理事会没有另行决定，理事会主席（简称主席）由理事会定期会议举办国的国家首脑担任。其权利和义务持续到下次理事会会议召开。如果主席不能完成其职能，则在剩余的时段选出新的主席。

常务理事会是集体安全条约组织的协调机构，由各成员国元首按照其国内程序任命的全权代表组成，并按照理事会的规定行事。在集体安全理事会休会期间，常务理事会行使其职权，负责组织框架内的合作问题并与组织的常设工作机构共同保障理事会、外长理事会、防长理事会和安全会议秘书委员会所做决定的落实。在实施该组织框架内决议的过程中，由常务理事会负责各成员国的协调互动。

外交部长理事会是咨询和执行机构之一，由各成员国外交部长组成，主要负责协调各成员国之间在外交政策领域的合作。

集体安全条约组织

国防部长理事会是咨询和执行机构之一，由各成员国国防部长组成，主要负责协调各成员国之间在军事政策、军队建设和军事技术合作领域的合作。

安全会议秘书委员会是咨询和执行机构之一，主要负责协调成员国之间在国家安全领域的合作。

秘书长是集体安全条约组织最高行政职位，领导秘书处，并协调组织各常设工作机构的活动。秘书长由理事会根据外长理事会的建议任命成员国公民担任，任期三年。秘书长对理事会负责，参加理事会、外长理事会、防长理事会、秘书委员会和常任理事会会议。秘书长协调设计和统一提交组织机构审议的文件议案，在与其他非本组织成员国和国际组织关系中、大众媒体中代表组织，并与其进行工作联系。秘书长是《集体安全条约组织宪章》、组织框架内达成的其他协定和文件的寄存者。

集体安全条约组织秘书处是集体安全条约组织的常设工作机构，负责为集体安全条约组织的活动提供组织、信息、分析咨询等保障工作。秘书处在与常务理事会合作中负责组织机关的议案和其他文件的起草准备工作。秘书处由在组织财政投入比例配额决定的各成员国公民（官员）和通过竞争形式招募的成员国公民（员工）组成。秘书处的职能、构建和工作程序由理事会制定的规章来决定。秘书处的所在地是俄罗斯莫斯科。

集体安全条约组织联合参谋部为集体安全条约组织的常设工作机构，是为加强该组织的军事工作而成立的军事指挥机构，负责集体安全条约组织军事方面的建议提出和决议实施工作。联合参谋部实施防长理事会活动的组织、信息分析保障工作，负责该组织军事构成的提案准备，就其职权内与成员国军事管理部门合作的组织和协调，实际落实组织各机构就军事合作问题的决定。联合参谋部的工作人员包括组织财政投入配额决定的各成员国军人和通过竞争招聘的各成员国公民。联合参谋部的任务、职能、结构、构成和组织基础根据理事会制定的相应规章确定。联合参谋部的所在地是俄罗斯莫斯科。

理事会、外长理事会、防长理事会和安全会议秘书委员会，除程序性问题之外，应以一致原则做出各决定。任何成员国在投票时都拥有一票。

投票程序，包括就程序性问题的投票，应当由理事会指定的组织部门程序法则规定。由理事会做出的决定及由外长理事会、防长理事会和秘书委员会做出的决定，对各成员国都具有约束力，并在国家法律所规定的秩序中执行。在限定范围内没有任何成员国反对相关决策程序的条件下，理事会有权做出决定。在限定范围内若没有任何成员国反对，相关决定才能获得通过。若成员国未对限定范围内的决定投赞成票，则不对该决定的影响负责。

集安组织的辅助机构有国家间军事经济合作委员会、反毒品走私专门机构领导协调委员会、集体安全条约组织成员国反非法移民专门机构领导协调委员会、紧急状况协调委员会、信息安全工作组、阿富汗工作组，另外还有军事委员会及其他公共组织等下设机构。2012年12月刚成立的军事委员会隶属于国防部长理事会，负责研究集体安全条约组织集体安全体系武装力量的规划和使用问题，并向国防部长理事会提出建议。

集安组织重视研究机构的发展。2009年注册成立的集安组织研究所已经作为集安组织的研究性机构存在。而亚美尼亚提出建立集安组织研究院，则是希望在集安组织研究所的基础上增加资源投入，进一步提升集安组织信息保障机构的工作能力和效率。2013年2月1日，在阿斯塔纳、埃里温、基辅和明斯克的连线视频新闻发布会上，亚美尼亚提出成立"集安组织研究院"的倡议。

三 集安组织的目标、原则及活动领域

1. 集安组织的目标

1995年2月的《〈集体安全条约〉缔约国集体安全构想》和2002年10月的《集体安全条约组织章程》等文件对集安组织的目标做了明确阐述。《〈集体安全条约〉缔约国集体安全构想》指出：缔约国在集体安全保障中的目标是预防战争和武装冲突，保卫缔约国利益、主权和领土完整。在和平时期的目标是以政治协商的手段调解争议问题、处理国际和地区危机，基于各国和集体利益支持每个国家的国防能力。在相互协商的基础上协调边防军和其他部队的行动，支持构建各缔约国边境地带秩序。《集体安全条约组织章程》指出，集安组织的目标包括维护和平、维护国

际和区域安全与稳定,在集体基础上捍卫成员国的独立、领土和主权完整,成员国要提供政治资源以优先实现这些目标。

2. 集安组织的主要原则

第一,集体安全原则。安全不可分割,即对一个缔约国的侵略被视为对所有缔约国的侵略;各缔约国在安全保障上义务平等;遵守领土完整,尊重主权,不干涉内政和照顾相互利益;以区域为基础的集体防御;就保障集体安全的原则性问题要在共识基础上做出决定;根据威胁的规模组建和准备力量与手段。

第二,尊重原则。集安组织促进在公认的国际法原则基础上建立公平、民主的国际秩序。集安组织在严格尊重成员国独立、自愿参与、平等的权利和义务、不干涉成员国国内事务的基础上展开运作。成员国在其他条约中作为成员国的权利和义务不受影响。

第三,一致原则。理事会、外长理事会、防长理事会和安全会议秘书委员会,除程序性问题之外,应以一致原则做出各项决定。任何成员国在投票时都拥有一票权。投票程序,包括就程序性问题的投票,应当由理事会指定的组织部门程序法则规定。

第四,开放原则。任何认同该组织目标和原则并愿意承担《集体安全条约组织章程》及组织框架内其他国际条约和决定所规定之义务的国家,都可以成为组织成员国;任何成员国都有退出组织的权利。非组织成员国以及国际组织可以通过向秘书长提交正式书面申请,获得组织观察员地位。集安组织在自身活动中与非组织成员国家进行合作,与安全领域的其他国际和政府间组织保持关系。

3. 集安组织的活动领域

第一,构建集体安全体系。为实现组织目标,各成员国应采取联合措施在组织框架内建立一个有效的集体安全体系,当安全、稳定、领土完整和主权受到威胁时,保障集体防卫和实施集体防御权,包括建立该组织的联合(集体)部队、地区(统一)军团、维和部队及统一的管理体系和机构、军事基础设施。

第二,军事技术(军事经济)、装备、人员培训合作。成员国在军事技术（军事经济）、军队保障、护法机构和特种部队等领域进行必要的武器、军事特种装备和特种设备的合作，为军队、特种部队和护法机构培训军事人才和专业人员，为他们提供必要的武器和军事装备。

第三，应对非传统安全威胁。成员国应协调和整合他们的力量，打击国际恐怖主义和极端主义以及毒品和精神药物、非法武器交易、有组织跨国犯罪、非法移民和威胁成员国安全的其他因素。

第四，成员国在边界守卫、信息共享、信息安全，以及保护居民与领土不受自然和技术性紧急情况及发生战争或战后影响的威胁等领域进行合作。各成员国在联合国的引导下开展以上领域的活动，包括与所有感兴趣的国家和政府间国际组织密切合作。

第二章
集体安全条约组织的主要活动

第一节 集体安全体系的构建

如前所述，1999年之前《集体安全条约》相关机制发展缓慢，且缺乏行动力，即使是为数不多的协定和协议也流于形式，较少得到落实。1995年，"集体安全体系"的概念被提出。进入21世纪以来，随着集安组织的法律基础和体制机制日渐丰富和完善，集安组织在集体安全体系建设方面取得明显的成绩，其活动能力有所增强，在地区内的活跃程度也有提升。集安组织在开展军事合作、应对集安组织成员国面临的安全挑战和威胁、打击非法毒品交易和非法移民、消除极端和恐怖行为、协调成员国合作、增进同其他国际组织联系等方面都开展了广泛活动。集安组织在地区安全事务中积极活跃，成为地区内重要的多边行为主体，对地区安全产生了积极影响。

一 集安组织面临的威胁和挑战

不同时期，集安组织通过具体文件对其面临的主要威胁及预防措施做了表述。此类文件包括1995年2月10日通过的《〈集体安全条约〉缔约国集体安全构想》和2016年10月4日通过的《集体安全条约组织2025年前集体安全战略》。《集体安全条约组织2025年前集体安全战略》明确指出，其是对《〈集体安全条约〉缔约国集体安全构想》的发展。

《〈集体安全条约〉缔约国集体安全构想》指出，成员国军事威胁的主

集体安全条约组织

要来源有：第一，其他国家对成员国的领土要求；第二，已有的和潜在的局部战争和军事冲突策源地，尤其是与成员国直接相邻的地区；第三，一些国家动用核武器和其他大规模毁灭性武器（包括未经授权）的可能性；第四，核武器和其他大规模杀伤性武器、军事生产物资供应和新技术的扩散与部分国家、组织和恐怖团伙试图实现自己政治和军事意图的结合；第五，其他国家和军事集团破坏军控和裁军领域的国际条约、扩大军事规模而导致战略局势稳定失衡；第六，外力干涉成员国内政、破坏其内部局势的企图；第七，国际恐怖主义、政治讹诈。可能导致军事危险升级，给成员国造成直接军事威胁的因素有：第一，武装团伙（力量）在邻近成员国外部边界地区的破坏行为；第二，在其他国家境内组建和训练被认定为针对成员国的武装团伙；第三，爆发边境冲突和来自邻国的武力挑衅；第四，外国武装进入与成员国邻近的领土（此举与联合国安理会或欧安组织决定的维和行动无关）。

《〈集体安全条约〉缔约国集体安全构想》指出，为预防军事威胁，集安组织有以下几个优先方向。第一，与其他国家和国际组织联合参与建设欧洲和亚洲的集体安全体系；第二，在落实关于裁军和军控问题既有的和新制定的国际协定方面协调行动；第三，在军事领域扩展信任措施，与北约、其他军事政治组织和旨在有效解决巩固和平任务的地区安全架构建立和发展平等伙伴关系，为在裁减海军、武器及限制海军行动领域制定和达成有效的国际协定进行积极对话；第四，根据联合国安理会、欧安组织的决议，按照国际义务实施维和行动；第五，协调努力保卫成员国边境安全；第六，保持成员国武装力量和其他部队处在足以保障国防的水平。

《集体安全条约组织2025年前集体安全战略》指出，世界及集安组织责任区直接相邻地区的军事政治环境发展的动态和预测取决于若干因素，它们可能对集体安全体系产生不利影响。其中包括：已有的和新出现的国际及国内冲突热点不断升级；使用强力及经济和信息施压达到一系列政治和经济目的；干涉国家内部事务；使用所谓的"颜色革命"和"混合战争"等手段；个别国家违反国际协议，以及不遵守先前缔结的关于禁止、限制和裁减军备的条约；试图任意解释国际法准则和原则，在国际关系中实行双重标准，使用武力或以武力相威胁；某些国家和联盟有违背公认的国际法准则和原则，在国际社会达成的协调框架之外解决已有冲突的倾向；在紧邻集安组织责任区的区域加强已有的和部署新的军事集群并建立军事基础设施；宣称以武力解决国际问题；加剧民族间和宗教间排外、仇外心理；国际恐怖主义和极端主义威胁的增长，在应对这些威胁方面国际实际合作力度不足；非法贩运麻醉物品和精神药物及其类似物和原料。

集安组织集体安全面临的外部挑战和威胁有：紧邻集安组织成员国边界的个别地区政治和社会经济不稳定；与集安组织责任区相邻的一些国家存在难以调解的冲突；某些国家实行旨在获取军事优势的政策；某一国或国家集团在不考虑其他国家正当利益且没有法律约束保障的情况下，单方面部署全球反导防御系统；具体实施"全球打击构想"的可能和部署高精度非核战略武器系统，以及在太空部署武器；拥有核武能力的国家数量可能扩大；大规模杀伤性武器及其原材料的扩散，相关材料的非法交易；在集安组织各成员国内旨在颠覆政权和改变宪法体制的行为；通过电子信息网络和视频对集安组织各成员国居民进行意识形态解构和心理影响；国际恐怖主义和极端组织的武装团伙和人员向集安组织各成员国境内的入侵或渗透；自其他国家前往或过境集安组织成员国的非法移民数量增加。

集安组织集体安全面临的内部挑战和威胁有：极端主义和恐怖组织及个人以破坏集安组织各成员国内政局势稳定为目的的行为；宣传恐怖主义，资助和招募集安组织各成员国的公民进入一系列国际恐怖主义和宗教极端组织；在一系列国际恐怖组织里有过战斗经历的集安组织各成员国公民返回祖国，将会导致恐怖主义的活跃程度上升；利用民族间、种族间和宗教间因素的破坏力量在集安组织各成员国内挑起冲突；有组织的跨国犯罪团伙在毒品贸易和组织非法移民领域的活动；自然及技术性紧急情况数量和规模扩大；利用信息和通信技术在集安组织各成员国破坏公共政治和社会经济环境及操纵公共意识。

集体安全条约组织

二 集体安全体系的基本架构和活动方向

按 1995 年的《〈集体安全条约〉缔约国集体安全构想》，缔约国根据其面临的威胁和挑战，提出建立集体安全体系的建议。该构想对集体安全体系做了表述，相关内容成为集安组织集体安全体系构建的指导基础。根据局势的变化和集安组织自身的发展情况，《集体安全条约组织 2025 年前集体安全战略》对《〈集体安全条约〉缔约国集体安全构想》的相关内容做了进一步的丰富和发展。①

"集安组织集体安全体系"即在集体的基础上，根据国际法和国家法律，用以保卫集安组织各成员国集体利益、主权和领土完整的集安组织机构与各集安组织成员国国家管理机构、力量和工具之和。"集安组织集体安全力量"包括集安组织成员国国家武装力量和其他部队的联盟、兵团、部队和分队，集安组织成员国内务机关（警察）的特种分队、内务部队（国民卫队、警察部队）、安全和特勤机构，属于国家管理机关和按集安组织机构决定使用的集安组织成员国有权预防和消除紧急情况影响的机构编队，以及集安组织军团（力量）集群联盟、区域（统一）部队（力量）集群、统一（联合）军事体系与维和力量集群。"集安组织集体安全的工具"包括武器、军事和特种设备、特种工具、技术、程序、语言、法律、组织工具，以及用于集体安全保障的信息通信渠道。②

《集体安全条约组织 2025 年前集体安全战略》为集体安全体系的进一步发展指明了方向。第一，在集安组织各成员国对外政策合作方面将实行以下行动：就国际和地区安全问题进行协商并协调对外立场，做出联合声明；保障在全球和区域层面的稳定，保障集安组织各成员国的平等战略伙伴关系；协调努力巩固地区稳定；参与成立符合现实条件的常规武器管控机制及遵守加强军事领域信任的措施；对遵从其目标和原则的所有国家保

---

① 参见附录 1《〈集体安全条约〉缔约国集体安全构想》和附录 3《集体安全条约组织 2025 年前集体安全战略》。

② 《集体安全条约组织 2025 年前集体安全战略》，http://www.odkb-csto.org/news/detail.php?ELEMENT_ID=8595&SECTION_ID=91&sphrase_id=23439。

持集安组织的开放性,与非本组织成员国及安全领域的国际组织开展合作;促进形成新的欧洲大西洋和欧亚安全架构,以保障所有国家的安全、平等和不可分割;以政治外交工具为克服全球和地区危机的支柱;拒绝违反《联合国宪章》而动用武力;在各框架内努力应对国际恐怖主义;在国际舞台上推行路线,不允许在任何国家支持违宪和非法颠覆政府的活动;坚持军控及军事建设中合理充足的政策,加强军事方面的信任措施,促进在裁军和军控方面达成新的协议,解决大规模杀伤性武器扩散及在相应国际法工具的基础上将其销毁等问题;开展联合行动以遵守和加强国际法工具体制,如核不扩散条约,全面禁止核试验条约,关于禁止研制、生产、储存和使用化学武器及销毁此类武器公约,关于禁止研制、生产、储存细菌和毒素武器及销毁此类武器公约,且支持加强中亚无核区及其他一系列机制;同其他国际组织开展合作;参考国家军事学说、国家安全战略,通过裁减和限制武器构建必要的国际条件,以促进国际安全和稳定、所有国家平等且不可分割的安全。

第二,在危机应对方面将采取以下行动:依据2010年12月10签订的《集体安全条约组织应对危机局势程序条例》形成集安组织危机应对体系;系统发展应对危机情况的工具;通过预防性外交预防危机情况的出现;优先使用政治手段管控危机情况及其诱因;在必要的情况下,提供人道主义援助,组建集安组织人道主义应对中心;成立集安组织危机应对中心,并于必要情况下在集安组织各成员国成立国家危机应对中心。

第三,在维和方面将采取以下行动:完善集安组织集体维和力量结构和构成,完善集安组织集体维和力量管理体系;培训集安组织各成员国维和人员以完成根据联合国维和基本原则和标准制定的任务;与联合国相关机构及各国家和地区组织合作,包括根据联合国安理会授权可能动用集安组织集体维和力量的情况。

第四,在军事安全方面将采取以下行动:保障集安组织集体安全体系内拥有足够的力量和工具;为集体安全利益协商集安组织各成员国境内行动设备问题;完善集体安全体系力量和工具的管理及组成机构的训练措施;加深集安组织各成员国的军事技术和军事经济合作,开展科技合作;协调军事人才和专家的培养计划;协调武器和军事装备的研制、生产、供应及维修联合计划；就建立物资存储标准提出一致的方法；提升集安组织各成员国的资源筹集能力；保障军事技术合作各主体的同等参与条件并遵守武器、军事和特种装备供应的优惠条件；研究和实现商定的要求，以现代武器、军事和特种装备来武装集安组织力量；建立武器、军事和特种装备的维修保障体系，在集安组织各成员国境内有必需的物资储备；为对集安组织力量有利，快速部署集安组织成员国军事技术合作主体所提供的军工产品；制定和实施以现代化武器、军事和特种装备武装集安组织各成员国武装力量、其他部队和军事建制、护法机构和特种部队的计划。

第五，在应对跨国挑战和威胁方面将采取以下行动：发展挑战和威胁的预防及应对体系；完善信息共享；提高国际合作效率；加强集安组织应对跨国有组织犯罪的能力，尤其是在打击恐怖主义、极端主义、非法贩运毒品、非法移民，以及应对紧急情况方面；发展集体安全力量的相应管理体系和机构，提高其战训水平，列装现代化武器和特种装备；完善属于集安组织集体力量构成的内务部门特种部队（警察）、内卫军（国民军）、安全机构和特种部队的联合训练；开展特种人才的培养，装备他们并完善本领域基础教育机构的活动。

第六，在应对以破坏其政权、搅乱内政局势或替换政治体制为目的对集安组织各成员国施加影响的现代组合形式方面，将采取以下行动：研究和分析所谓"颜色革命"和"混合战争"的实践操作技术，形成集体应对体系。

正如《〈集体安全条约〉缔约国集体安全构想》中所指出的，构建集体安全体系是持续推进的，时至今日，集安组织的集体安全体系建设已经取得了可见的成绩。

第二节　集体安全条约组织军事领域的活动

在完善集体安全体系等安全保障体制机制建构的同时，集安组织在军事建设方面也采取了很多实际行动。

第二章　集体安全条约组织的主要活动

一　军事建设及军事技术合作

虽然集体安全条约组织重视和优先以集体政治手段解决该组织面临的挑战，但在欧亚地区广泛应对传统和现代的挑战和威胁方面具备有效的武力基础，是集体安全条约组织的特点。截至目前，集体安全条约组织的军事组成部分包括集体快速反应部队（Коллективные силы оперативного реагирования）、维和部队（Миротворческие силы），以及集体安全力量的区域集群。集体安全力量的区域集群包括中亚集体安全区集体快速部署部队（Коллективные силы быстрого развертывания Центральноазиатского региона），东欧地区俄罗斯－白俄罗斯区域军团，高加索地区俄罗斯－亚美尼亚联合军团，俄罗斯和白俄罗斯成立的联合防空体系，俄罗斯和亚美尼亚共同建立的区域防空体系。如集安组织前秘书长博尔久扎所言，组织内在防空领域的合作具有重大意义。2005年6月23日，集安组织集体安全理事会通过了《发展和完善集体安全条约组织成员国防空国际的决定》，集安组织框架内防空领域的合作逐步展开。目前集安组织成员国的防空合作仍是以双边基础为主，已成立的有俄白、俄亚防空体系。俄罗斯与哈萨克斯坦《关于成立俄哈区域防空体系的协定》也已于2013年1月30日在阿斯塔纳签订。①

集体安全条约组织集体快速反应部队成立于2009年。集体安全条约组织集体快速反应部队（超过2万人）是常备部队，包括各成员国武装力量的快速机动部队和联合了多部门力量的特种部队。2011年12月，集安组织成员国元首决定建立隶属于集安组织集体快速反应部队的反毒品部门特种分队。集体快速反应部队是一个综合力量，可以担负解决各种强度冲突的任务，可以开展专项行动，以防止恐怖袭击、暴力极端主义活动、有组织犯罪，预防和应对紧急情况。按照维和行动协议，建立了集体安全

---

① На ратификацию в Госдуму внесено Соглашение между Россией и Казахстаном о создании Единой региональной системы противовоздушной обороны, http://www.kremlin.ru/acts/19582.

集体安全条约组织

条约组织的维和部队（约 3600 人）。根据计划对他们进行教育和培训，以解决维和行动中的具体问题。2010 年，成员国元首表达了他们的意愿，即利用集体安全条约组织的维和能力，在预防武装冲突并以和平方式解决冲突和危机局势方面协助联合国。区域集团军以及集体安全条约组织集体快速反应部队按计划实施联合训练，定期举行演习和进行其他准备工作。制定专项计划，实现集体安全条约组织集体快速反应部队武器和装备的现代化，为此，俄罗斯计划拨出大量资金，采取行动，建立一体化的军事系统，即中亚和其他地区的联合防空系统、集体安全力量的管理体系、信息情报系统、铁路的技术覆盖体系。

集体安全条约组织在地区层面实施自己法定目标的同时，还帮助促进成员国国家力量发展。根据组织内签订的军事技术合作基本原则的协定，集体安全条约组织以优惠价格向集体安全条约组织成员国提供武器和军事装备（自用）。多年来，该协议发挥了重要作用，在集体安全条约组织机制内供应的军事产品几乎增加了十倍，真正形成了集体安全条约组织统一的军火市场。这给集体安全条约组织成员国带来了上亿美元的收益，提供的武器当中相当一部分是现代化的武器和装备。军事经济机制是军事技术合作的补充，集体安全条约组织实施武器和装备的现代化，安排相应的资金保障措施的落实。在这一方面，主要的协作工具是国家间军事经济委员会和国家间军事经济委员会事务处，在其机制下保持成员国生产的专业化，制定在装备和武器的研发、生产和维修方面建立联合企业的方案。军队和军事机关及国家特种部队的人员培养是军事合作的一个重要项目。根据集体安全条约组织签订的协议，每年在免费和优惠的条件下，在俄罗斯军事院校接受教育的成员国公民有近 1000 人，在俄法律和普通高校有近 100 人。现在安全领域的专家在几十所相应院校接受培训。[①]

2000 年 6 月 20 日，俄罗斯政府批准了《〈集体安全条约〉缔约国间军

---

① Военное строительство，http：//www.odkb-csto.org/structure/.

事技术合作基本原则协定》的草案。① 2000 年 6 月 23 日，俄罗斯总统普京签署了《〈集体安全条约〉缔约国间军事技术合作基本原则协定》。②协定包括以下内容。一经签订协定，成员国即确认自己已准备好在集体安全体系构建中的实际合作并承认军事技术合作是构建集体安全体系的重要因素之一。根据协定，以优惠条件提供军用产品，目的是切实落实条约在集体安全区域多边力量和手段中各国的军事构成。在以优惠条件供应军用产品时，军事技术合作方使用既定的国际贸易实践条件并以自由兑换货币的形式结算。为实施该协定，军用品的生产和供应费用以优惠条件预付，增值部分不再交税。各方同意，以优惠条件向组成地区多边集体安全力量的各国部队所供应的军用产品，不得向其他国家军队、自然人和法人以及国际组织出售或转售。根据协定，供应方有权监督协定框架内所供应军用产品的使用目的。在该协定实施的过程中，各方保护所获得的那些各国立法规定属于国家秘密的信息。在协定框架内合作过程中所获得的信息不得用于损害各方中任何一方的利益。各方认为，在协定框架内所获得的军用产品和信息，以及协定生效前所获得的军用产品和信息，可部分和全部被认为是知识产权和工业产权客体，在此意义上，不得转赠他方。如果一方退出协定，它应以自由兑换货币补偿协定框架内军用产品供应方在军品优惠条件下与国际市场同类产品的差价。所供应军用产品的价格应以相应数额的自由兑换货币记录在该军用产品的供应合同中。

根据集安组织框架内军事技术合作优惠协议，成员国可以以优惠价格采购武器和军事装备。这为集安组织成员国加快军事建设步伐创造了有利条件。在优惠条件下采购急剧增加，以俄罗斯、白俄罗斯和哈萨克斯坦最

---

① О Соглашении об основных принципах военно－технического сотрудничества между государствами－участниками Договора о коллективной безопасности от 15 мая 1992 г. 21 июня 2000г, http：//www.mid.ru/bdomp/ns－rsng.nsf/3a813e35eb116963432569ee0048fdbe/432569d8002214664325699c003b5efe！OpenDocument.

② О подписании Соглашения об основных принципах военно－технического сотрудничества между государствами－участниками Договора о коллективной безопасности от 15 мая 1992 г.

为积极。① 组织框架内的军工一体化有所推进，俄罗斯和亚美尼亚则在集安组织框架下组建联合军工企业，建立武器、装甲设备和飞机设备维修的联合企业中心。②

二　军事演习和联合行动

近年来，集安组织为提高成员国在打击恐怖主义、反毒品等斗争中的联合军事行动能力，提高各国军事部门的协调合作水平，每年都举行数场军事演习。集体安全条约组织框架内的军事演习形式多样、规模不等，多年来已经形成了几个系列，例如，"边界"（Рубеж）系列演习，是以集安组织中亚集体安全区集体快速部署部队为主要参与力量的反恐联合演习；"协作"（Взаимодействие）系列演习，是集体安全条约组织快速反应部队大规模综合性军事演习；"牢不可破的兄弟情谊"（Нерушимое братство）系列演习，是集安组织集体维和力量的维和演习；"雷霆"（Гром）系列反毒品国际演习；等等。

2005年4月在塔吉克斯坦境内举行了代号为"边界-2005"的大规模反恐演习。演习最初计划在吉尔吉斯斯坦举行，但由于吉尔吉斯斯坦政局突生动荡，时任总统阿卡耶夫逃亡国外，吉尔吉斯斯坦反对派组建临时政府，演习地点被迫临时改到塔吉克斯坦。来自哈萨克斯坦、吉尔吉斯斯坦、俄罗斯和塔吉克斯坦的3000名"联合快速反应部队"士兵参加演习。演习指挥首长由塔吉克斯坦国防部的谢拉里·卡哈伊卢拉耶夫将军担任。

2006年5月在哈萨克斯坦境内举行代号为"边界-2006"的大规模军事演习。哈萨克斯坦国防部长负责指挥此次大规模演习，哈萨克斯坦、吉尔吉斯斯坦、俄罗斯和塔吉克斯坦的部队参加此次演习。

2007年在塔吉克斯坦举行代号为"边界-2007"军事演习，这是第六次以"边界"为名称的演习，来自俄罗斯、哈萨克斯坦、塔吉克斯坦

---

① РИА Новости, Льготные условия закупок вооружений в рамках ОДКБ работают - Бордюжа, http：//ria.ru/defense_safety/20130201/920811841.html#ixzz2odnCwxDT.

② РИА Новости, Россия и Армения создают совместные предприятия ВПК - Бордюжа, http：//ria.ru/defense_safety/20130201/920828769.html#ixzz2odp3R5e9.

第二章 集体安全条约组织的主要活动

的武装力量参加了演习。2007年6月，亚美尼亚、白俄罗斯、哈萨克斯坦、吉尔吉斯斯坦、俄罗斯和乌兹别克斯坦六国的防空部队在俄境内举行了"战斗友谊－2007"联合防空演习。

2008年7月在亚美尼亚举行"边界－2008"大规模军事演习，参加此次演习的有来自俄罗斯、亚美尼亚和塔吉克斯坦的4000名军人。

2009年集体安全条约组织集体快速反应部队和成员国武装力量进行"联合综合演习"，演习分三个阶段。第一阶段是8月在莫斯科进行，第二阶段是9月在白俄罗斯进行，第三阶段是10月在哈萨克斯坦进行，来自俄罗斯、哈萨克斯坦、亚美尼亚和白俄罗斯的武装力量参加演习。2009年9月，代号为"协作－2009"的集体安全条约组织集体快速反应部队进行大规模综合性军事演习，第一阶段于15日开始在哈萨克斯坦举行。参加第一阶段演习的主要是哈萨克斯坦和俄罗斯两国武装力量，集体安全条约组织集体快速反应部队于10月加入演习的最后阶段。此次军演是集体快速反应部队成立后举行的首次军演。"协作"系列军演是俄哈两国间传统的联合军事演习。此次两国在集体安全条约组织框架内举行的"协作－2009"军演也可以看作该组织成员国联合军演的一部分。俄罗斯、塔吉克斯坦、哈萨克斯坦和吉尔吉斯斯坦军队的大约600名军人参加演习，独联体快速反应部队的空中力量配合参与综合性演习。

2010年4月集体安全条约组织中亚集体安全区集体快速部署部队在塔吉克斯坦举行联合反恐军事演习，代号为"边界－2010"。乌兹别克斯坦只派出了观察员。2010年6月在俄罗斯北高加索地区举行代号为"钴－2010"的成员国特种部队首次联合反恐演习。参加此次联合演习的有来自亚美尼亚、白俄罗斯、哈萨克斯坦、吉尔吉斯斯坦、塔吉克斯坦和俄罗斯的特种部队和快速反应部队。2010年10月集体安全条约组织集体快速反应部队在俄罗斯举行"协作－2010"演习，集体安全条约组织成员国亚、白、哈、吉、俄、塔的军事人员参加演习。

2011年9月代号为"中央－2011"的集体安全条约组织集体快速反应部队首长司令部联合军事演习以及中亚集体安全区集体快速部署部队联合战术军事演习，19日分别在位于塔吉克斯坦的俄罗斯201军事基地训

35

练场以及吉尔吉斯斯坦武装部队联合训练中心同时举行。

2012年8月中亚集体安全区集体快速部署部队"边界-2012"演习在俄罗斯车里雅宾斯克州举行，有超过1000名吉尔吉斯斯坦、俄罗斯和塔吉克斯坦军人，约100套军事装备，还有包括战斗直升机和前线轰炸机的航空队参加了演习。2012年10月8日至18日集体安全条约组织在哈萨克斯坦举行了代号为"牢不可破的兄弟情谊-2012"反恐演习，以检验集体安全条约组织维和部队在制止成员国内骚乱时的协调行动能力。共有来自集体安全条约组织6个成员国的维和部队参加了演习。

2012年9月，集体安全条约组织成员国反毒部门及内务机构的快速反应部队首次举行代号为"雷霆-2012"的国际战术演习。

2012年9月集体安全条约组织快速反应部队在亚美尼亚举行"协作-2012"军事演习，有来自各成员国的2000人、500多台军事装备、200多部车辆参与演习。

2013年8~9月，集安组织反毒部门进行的"雷霆-2013"联合演习取得重大实际效果。演习第一阶段是8月27日至9月6日，其间集安组织的行动取得重大实际成果，查获了约50千克鸦片、40千克大麻和4千克海洛因，还发现了一个藏有枪支和手榴弹的武器库。9月15~20日为演习第二阶段，其间促成了集安组织集体快速反应部队部门之间的务实协作，以遏制毒品犯罪集团的活动，封锁向集安组织国家供应毒品的通道。①

2013年10月初，集安组织成员国进行的"通道-高加索"反毒联合行动共缴获超过12吨毒品。② 参加此次行动的有集安组织6个成员国的代表，以及伊朗和阿富汗2个观察员国代表，还有来自国际刑警组织和欧亚集团的代表，调动了5万多人。国际刑警组织、阿富汗、阿塞拜疆、伊

---

① Антинаркотические учения "Гром - 2013" получили высокую оценку, http: // www. vb. kg/doc/244319_ antinarkoticheskie_ ycheniia_ grom_ 2013_ polychili_ vysokyu_ ocenky. html.

② Более 12 т наркотиков изъяли силы ОДКБ в ходе операции "Канал - Кавказ", http: // ria. ru/world/20131004/967828374. html.

朗、中国、美国、芬兰、蒙古国、波罗的海国家和其他有关国家专属部门也都积极与"通道"反毒行动进行对接。①

集安组织的"边界-2014"、"牢不可破的兄弟情谊-2014"和"协作-2014"军事演习也分别于2014年7月在俄罗斯切巴尔库尔、2014年7~8月在吉尔吉斯斯坦和2014年8月在哈萨克斯坦举行完毕。

2015年8月,集安组织6个成员国武装力量在俄罗斯普什科夫州开展"协作-2015"军事演习。近2000人、超过200台设备、约40架军机和直升机参与了此次联合演习。其中白俄罗斯和哈萨克斯坦军人自带枪械武器,亚美尼亚、吉尔吉斯斯坦和塔吉克斯坦的军人从俄方领取枪械。

2016年8月,集安组织集体快速反应部队"协作-2016"演习在俄罗斯西部军区进行,模拟制止在集安组织某一成员国境内发生的边境冲突。根据演习剧本,西方军事联盟多国未经联合国允许组建维和部队侵入集安组织某成员国接邻领土,企图以实施"维和行动"之名分裂其特定的边境领土,该地区正有非法武装团伙活动且局势动荡。8月底,集安组织集体维和力量根据"联合国安理会授权"模拟实施"牢不可破的兄弟情谊-2016"集安组织成员国维和行动演习。参与演习的有来自集安组织6个成员国武装力量、内务部队和警察组成的1500多名维和官兵,还有近300件航空、火炮和自行设备以及6架直升机和苏-24mp侦察机。2016年10月7日在吉尔吉斯斯坦武装力量"艾德利维耶斯"训练中心完成了中亚集体安全区集体快速部署部队"边界-2016"联合战术演习,该演习成为2016年集安组织集体安全体系力量和手段管理及组成机构实际训练的重要环节。

2017年9月,集安组织反毒部门在俄罗斯举行"雷霆-2017"国际反毒品演习。2017年10月3日在俄罗斯南部战区开启了集安组织联合行动战略演习"战斗兄弟-2017",此演习分三个阶段在四国境内举行(集安组织的两个集体安全区)。第一阶段包括两部分:先是在俄罗斯和亚美尼亚举行特种战术演习"搜索-2017",持续到10月7日;作为延续,10

---

① "Канал" перекрывает наркотрафик, http://www.rg.ru/2013/10/04/dannie-site.html.

月9~13日在亚美尼亚境内进行集安组织集体快速反应部队与亚美尼亚武装力量和俄罗斯武装力量联合军团部分参加的联合演习"协作-2017"。"战斗兄弟-2017"演习的第二阶段：10月16~20日集安组织集体维和力量在哈萨克斯坦的两个靶场进行冲突后调解阶段的"牢不可破的兄弟情谊-2017"维和演习。第三阶段：11月10~20日集安组织集体快速反应部队在塔吉克斯坦举行的演习作为"战斗兄弟-2017"演习的结尾阶段。这是第一次将所有演习放在共同的军事政治背景中、放在一个构思框架内展开。演习的目的是模拟组织、实施部署并进行联合行动，消除哈萨克斯坦集体安全区内的武装冲突，为集安组织集体维和力量在非成员国开展维和行动做准备，以及探索在山地、沙漠地区进行作战行动的新形式、新方法。11月13~17日在塔吉克斯坦的六个靶场进行了集安组织力量计划外演习，演习过程中击退了来自"阿富汗境内伊斯兰武装分子的进攻"（见表2-1）。

2018年5月，在哈萨克斯坦境内举行了"钴-2018"特种战术演习。2018年10月1日~11月2日，为期一个月的集体安全条约组织"战斗兄弟-2018"联合战略行动演习在俄罗斯、哈萨克斯坦、吉尔吉斯斯坦和塔吉克斯坦境内举行。此次演习分为三个阶段，即预防（控制）武装冲突阶段、化解武装冲突阶段、重建与维和阶段，包括"搜索-2018""协作-2018""边界-2018""空中桥梁-2018""牢不可破的兄弟情谊-2018"系列演习。

表2-1 集体安全条约组织框架下的主要军事演习概览

演习时间	演习地点	演习名称	参与方
2005年4月	塔	边界-2005	哈、吉、俄、塔
2006年5月	哈	边界-2006	哈、吉、俄、塔
2007年	塔	边界-2007	哈、俄、塔
2008年7月	亚	边界-2008	俄、塔、亚
2010年4月	塔	边界-2010	哈、吉、俄、塔、乌（观察员）
2012年8月	俄	边界-2012	哈、吉、俄、塔、亚、白
2014年7月	俄	边界-2014	俄、哈、吉、塔
2016年10月	吉	边界-2016	哈、吉、俄、亚、白（观察员）
2007年6月	俄	战斗友谊-2007	哈、吉、俄、塔、亚、白

续表

演习时间	演习地点	演习名称	参与方
2009年9月	哈	协作-2009	哈、吉、俄、塔
2010年10月	俄	协作-2010	哈、吉、俄、塔、亚、白
2012年8月	亚	协作-2012	哈、吉、俄、塔、亚、白
2013年9月	白	协作-2013	哈、吉、俄、塔、亚、白
2014年8月	哈	协作-2014	哈、吉、俄、塔、亚、白
2015年8月	俄	协作-2015	哈、吉、俄、塔、亚、白
2016年8月	俄	协作-2016	哈、吉、俄、塔、亚、白
2017年10月	亚	协作-2017	哈、吉、俄、塔、亚、白
2012年10月	哈	牢不可破的兄弟情谊-2012	哈、吉、俄、塔、亚、白
2013年10月	俄	牢不可破的兄弟情谊-2013	集安组织维和部队
2014年7~8月	吉	牢不可破的兄弟情谊-2014	哈、吉、俄、塔、亚、白
2015年10月	亚	牢不可破的兄弟情谊-2015	哈、吉、俄、塔、亚、白
2016年8月	白	牢不可破的兄弟情谊-2016	集安组织维和部队
2017年10月	哈	牢不可破的兄弟情谊-2017	集安组织维和部队
2012年9月	俄	雷霆-2012	集安组织反毒部门
2013年8~9月	吉	雷霆-2013	集安组织反毒部门
2015年8~9月	塔	雷霆-2015	哈、吉、俄、塔、亚、白
2017年9月	俄	雷霆-2017	哈、吉、俄、塔、亚、白
2009年8~10月	俄、白、哈	联合综合演习	俄、哈、亚、白
2010年6月	俄	钴-2010	哈、吉、俄、塔、亚、白
2013年7月	俄	钴-2013	集安组织集体快速反应部队
2016年5月	亚	钴-2016	集安组织集体快速反应部队特种部队
2011年9月	塔、吉	中央-2011	集安组织集体快速反应部队
2013年5~6月	哈	震荡之城——阿斯塔纳	哈、吉、俄、塔
2016年4月	塔	搜索-2016	哈、吉、俄、塔、亚、白
2017年10月	俄、亚	搜索-2017	哈、吉、俄、塔、亚、白
2017年10月	塔	战斗兄弟-2017	集安组织集体快速反应部队
2018年5月	哈	钴-2018	哈、吉、俄、塔、亚、白
2018年10~11月	俄、哈、吉、塔	战斗兄弟-2018	集安组织各武装力量

资料来源：集体安全条约组织官网，https://odkb-csto.org/training/。其中，2005年4月"边界-2005"见 http://www.dkb.gov.ru/u/azy.htm，2006年5月"边界-2006"见 http://www.dkb.gov.ru/u/azzd.htm。

三 应对现实威胁

（一）加强南部边防

阿富汗与集安组织南部边界相连，其安全局势是影响中亚地区安全的重要因素，也是集安组织关注的重点之一。近年来，集安组织做了大量工作，以巩固南部边防、加强集安组织责任区的安全。

2001年，在集体安全条约组织框架下组建中亚集体安全区集体快速部署部队。2003年11月19日，在比什凯克举行的集体安全条约组织成员国外长理事会上批准了《集体安全条约组织关于阿富汗的声明》。2005年6月23日在莫斯科举行的集体安全理事会会议通过一项决议，"协调集体安全条约组织成员国在阿富汗冲突后重建中的行动计划及其完善措施的实施"。根据集体安全理事会2005年6月23日的决定，组建了隶属于集安组织外长理事会的阿富汗工作组。2005年11月，集安组织集体安全理事会制定了《实施集体安全条约组织成员国在阿富汗重建问题及其完善工作的行动协调措施计划》，2011年12月制定了《关于集体安全条约组织应对来自阿富汗境内的安全威胁的行动计划》，2012年12月做出《关于对阿富汗局势发展的中期预测（2015年前）和应对来自该国威胁的措施》的决定，2013年6月又对2011年的行动计划进行了补充修订。随着形势的发展，集安组织针对阿富汗问题的各项计划和措施也在不断地实施和调整。

2013年9月，集安组织集体安全理事会会议在索契召开，决定"向塔吉克斯坦共和国提供援助加强塔阿边境安全"，计划分两个阶段实施：第一阶段主要是向塔吉克斯坦边防军提供现代化的武器装备和特殊设备；第二阶段主要是制定国际专门方案以营建1300公里长的塔阿边界，即集安组织的南部边界。[①] 2013年12月10日，集安组织外长理事会下属的阿富汗工作组召开会议，议程涉及"阿富汗局势及其发展前景""集安组织

---

① Президент Таджикистана Эмомали Рахмон и Генеральный секретарь ОДКБ в Душанбе обсудили вопрос оказания военно-технической помощи Пограничным войскам для усиления охраны таджикско-афганской границы, http://www.odkb-csto.org/news/detail.php? ELEMENT_ ID =3146&SECTION_ ID =91.

第二章 集体安全条约组织的主要活动

应对来自阿富汗境内挑战与威胁的行动计划（2011年12月20日）的实施情况""通过集安组织成员国领土和领空向国际安全援助部队中转物资"等问题。阿富汗工作组成员支持对阿富汗局势的评估，并决定应对其带来的挑战与威胁，相关工作逐步实施。欧安组织代表也参加了小组工作，他们对阿富汗局势给出了自己的评价，并对集安组织与欧安组织在应对来自阿富汗威胁时必须联合行动的看法表示赞同。[1] 2013年12月26日，集安组织秘书长博尔久扎和塔吉克斯坦总统拉赫蒙在杜尚别进行了会晤，强调必须加快集安组织成员国对塔吉克斯坦边防和其他协同机构提供物资设备援助的进程。

2014年，国际安全部队从阿富汗撤离的日子不断迫近，阿富汗问题更加受到关注。集安组织成员国元首们把应对阿富汗问题及其对中亚地区安全的影响视为首要任务。[2] 哈萨克斯坦外长伊德里索夫称，哈萨克斯坦很严肃地对待2014年末国际安全部队撤走之后可能来自阿富汗的威胁，这一威胁将不仅对毗邻的各国显得迫切，如塔吉克斯坦，而且对哈萨克斯坦和俄罗斯也是一样。[3] 对于美国和北约从阿富汗撤离，集安组织积极地做准备，采取各项措施，包括增强集安组织的军事能力、巩固集安组织与阿富汗边境的安全、为阿富汗培训人才、与其他国际组织合作。[4]

2015年5月，在塔吉克斯坦境内对集安组织集体快速反应部队进行了重要的突击检查行动，目的是抵御来自阿富汗境内的进攻。据情景预案设定，塔阿边境局势严重恶化，匪徒从阿富汗侵入塔吉克斯坦境内，塔吉

---

[1] Рабочая группа по Афганистану при СМИД ОДКБ дала оценку сегодняшней ситуации в ИРА，http：//www.odkb-csto.org/news/detail.php? ELEMENT_ ID =3124&SECTION_ ID =91.

[2] Рабочая группа по Афганистану при СМИД ОДКБ дала оценку сегодняшней ситуации в ИРА，http：//www.odkb-csto.org/news/detail.php? ELEMENT_ ID =3124&SECTION_ ID =91.

[3] CA-NEWS-KZ，Страны ОДКБ должны заняться решением проблемы Афганистана-глава МИД Казахстана，http：//www.odkb-csto.org/news/detail.php? ELEMENT_ ID =3091&SECTION_ ID =92.

[4] Русская служба БиБиСи，" ОДКБ готовится к обострению в Афганистане"，http：//www.odkb-csto.org/news/detail.php? ELEMENT_ ID =3080&SECTION_ ID =92.

集体安全条约组织

克斯坦武装力量与其他强力部门一同展开军事行动抵抗入侵。为了稳定局势，集安组织集体安全理事会决定在塔吉克斯坦部署集体快速反应部队。空军军事运输机往塔吉克斯坦转运集体快速反应部队队员共计超过2500人、近200件武器和军事装备，集结在塔阿边境附近的"哈尔布马伊东"训练场区域。①

2017年12月19日，新一批俄罗斯武器和军事装备在杜尚别交付给塔吉克斯坦武装部队，用于保护塔阿边境。交付的武器包括T-72B1坦克、BTR-80和BTR-70装甲运输车、BMP-2步兵战车、米-24和米-8直升机、榴弹炮D-30、防空系统、地形测绘设备、装甲车备件、通信设备、后勤物资和大量的轻武器。俄罗斯国防部国际军事合作总局局长亚历山大·克什莫夫斯基中将在交付仪式上称："交付的武器和军事装备将增强塔吉克斯坦武装力量抵御恐怖主义威胁的能力，建立塔吉克斯坦-阿富汗边境的可靠屏障。"②

（二）打击毒品犯罪

近年来，除了打击和防止来自阿富汗的极端势力和武装分子的渗透，集体安全条约组织还有一个重要目标是建立围绕阿富汗的禁毒"安全带"。2006年1月18日，阿富汗工作组举行了第一次会议。工作组的主要活动是为打击毒品威胁的行动、促进阿富汗国家政权建设以及在经济合作领域提出建议、制定措施。

2003年以来，在反毒品走私专门机构领导协调委员会的领导下举行长期的"通道"反毒行动，其目的是识别和阻止贩毒的路线，防止秘密实验室的设立，预防非法交易，破坏毒品经营活动的经济基础。参加行动的有集体安全条约组织成员国的毒品管控机构、内政部（警察）、边防警卫、海关、国家安全和金融部门的工作人员。有来自集体安全条约组织之

---

① Контингенты КСОР ОДКБ в Таджикистане на полигоне «Харбмайдон» завершили активную фазу практических действий внезапной проверки боевой готовности, http://www.odkb-csto.org/news/detail.php?ELEMENT_ID=4700&SECTION_ID=91.

② 《俄向塔吉克斯坦移交新一批武器以保护塔阿边境》, http://sputniknews.cn/military/201712191024313566/.

外的近 30 个国家的观察员观摩行动,包括美国、欧盟国家、一些拉美国家,以及一些国际组织,如欧安组织、国际刑警组织和欧洲刑警组织。至今,在一系列行动中已缉获约 335 吨毒品,其中包括逾 16 吨海洛因、5 吨可卡因、52 吨大麻、6 吨合成毒品和超过 1.2 万支枪支。①

2013 年 11 月 28 日,集安组织成员国在明斯克召开反毒主管部门协调委员会第十四次会议。会上对反毒主管部门协调委员会 2013 年的工作进行了总结,通过了集安组织成员国 2014~2020 年反毒战略方案,并决定由各成员国主管部门建立"集安组织反毒行动中心"工作组,整合该组织内反毒力量,协调各成员国反毒部门行动。②

2015 年 5 月 18~22 日,"通道 - 巡逻"专项行动在集安组织成员国境内展开,以实施落实集安组织成员国反毒咨询委员会 2014~2015 年基本措施计划。参加此次行动的有来自亚美尼亚、白俄罗斯、哈萨克斯坦、吉尔吉斯斯坦、俄罗斯和塔吉克斯坦反毒部门、内务机关、安全机关、海关和边境部门、金融机关的超过 2.1 万人,还有来自阿富汗、中国的相关机构,以及国际刑警组织、独联体成员国边防军指挥官委员会协调处等国家和组织的观察员。参与国执法部门协调一致行动,缴获了非法交易的毒品 1.618 吨,其中有超过 126 千克大麻、976 千克海洛因、108 千克麻醉剂合成物,还有超过 2.39 吨原材料;查处 2108 起毒品犯罪案件、12352 起刑事案件,其中 1775 起犯罪涉及非法贩运毒品、131 起团伙犯罪;缴获枪支武器 508 件、弹药 8531 件。2015 年 8 月 27 日至 9 月 3 日,集安组织 6 个成员国举行联合专项演习"雷霆 - 2015",协调各成员国反毒部门封锁毒品运输通道、打击犯罪。③

---

① От Договора к Организации: История создания, основы деятельности, организационная структура, https://odkb - csto.org/25years/.
② 28 ноября на заседании КСОПН в Минске принято решение о создании рабочей группы "Центр антинаркотических операций" ОДКБ, http://www.odkb - csto.org/ksopn/detail.php?ELEMENT_ID = 3103.
③ В Таджикистане 27 августа начнутся антинаркотические учения "Гром - 2015" государств-членов ОДКБ, http://www.odkb - csto.org/training/detail.php?ELEMENT_ID = 5001&SECTION_ID = 95.

（三）应对"颜色革命"

2003~2004年，独联体地区发生"颜色革命"之后，集安组织就开始关注成员国发生政治危机和紧急状况的可能性及可采取的应变策略。2007年，集体安全理事会决定建立集安组织成员国紧急状态协调委员会。2010年吉尔吉斯斯坦骚乱事件之后，为建立危机应对体系，集安组织成员国采取了一系列组织和法律措施。2010年12月，集体安全理事会通过了《关于集体安全条约组织应对危机局势的程序规章》《关于修订集体安全条约组织成员国紧急状态协调委员会规章》《关于集体安全条约组织成员国'建立紧急状态集体应对体系'工作计划》等相关决定，2011年通过《关于集体安全条约组织成员国紧急状态应对程序条例》，2012年12月通过《关于集体安全条约组织成员国紧急状态集体应对体系的基本发展方向的决定》《关于高等职业教育机构为集体安全条约组织成员国培养国防和应对紧急状态的专业人才的决定》。随着部分中亚国家领导人换届的日期日益临近，其他地区政局动荡和政权非正常更替的事件屡屡发生，在这样的氛围下，2013年集安组织对预防外来干涉和"颜色革命"给予了更大关注。

2013年11月26日，集安组织成员国"防止和解决集体安全条约组织成员国危机的联合措施"的模拟演练在莫斯科举行。模拟演练假定在集安组织的一个成员国——"里海共和国"出现危机，对该国领土完整和主权构成了威胁。为应对这一情况，集安组织各成员国制定了消除危机和保障其国内稳定所必需的方案和措施。这里所说的是除武力之外的政治、法律、经济性措施。集安组织秘书长介绍，为了在实践中能顺利展开行动，应该讨论模拟情况和预设可以而且应该采取的整套措施，使其国内稳定得以保障。① 在模拟演练的设计过程中，针对危机应对体系快速决策提出了一些建议。组织秘书处和联合参谋部主持工作，加强集安组织成员国有关部委和机构的合作，就危机情况下集体安全应对体系武力和资源的使用管理与集体决策等问题提出建议。

---

① В ОДКБ началась совместная «Деловая игра» по моделированию действий Организации для выработки мер по разрешению кризисной ситуации в условном государстве，http：//www.odkb-csto.org/news/detail.php?ELEMENT_ID=3092&SECTION_ID=91.

2013年12月19日，集安组织秘书处举行题为"政府和社会合作应对外来干涉和'颜色革命'"的圆桌会议。会上不仅研究"颜色革命"及其与外部支持和干预的关系，还讨论集安组织应该做出的一些应对方法。参会专家认为，"颜色革命"的危险性已进入集安组织各成员国非传统挑战、威胁和危机的第一序列。首先，"颜色革命"是一种违反国际法的特殊的政权更替形式，目的是完全或部分破坏一国的主权，根本改变一国的内外政策方针，迫使一国服从另一国或其他国际集团。其次，"颜色革命"的一个重要特征是使用"外来资源"，其组织者从外部获得必要的信息支持和物资保障。所有"颜色革命"都经过精心的准备，适时地建立和培训"领袖"及专业团队，组织群众"抗议"活动，以向政府施加强大的信息和心理压力。最后，当下集安组织各成员国的公民社会处于形成阶段。非营利及非政府机构从业的人数都在不断增多，在社会上的作用也在提升。在大部分集安组织成员国里，保障社会与政府有效合作的公共机构都处于发展的初级阶段，这为外部干涉力量提供了可乘之机，增加了集安组织国家爆发"颜色革命"的可能性。

结合对外部干涉和"颜色革命"的认识，考虑到各成员国多民族、多教派、社会经济发展水平不同的特点，集安组织成员国打算从以下九个方面做出努力。①以共同历史为基础，建立意识形态认同，研究集安组织信息领域的国际法保护机制及应对外部干涉和"颜色革命"意识形态扩散的体系；②在精神道德价值上建立国家间体系基础，应对向集安组织各成员国国家制度和人民施加的信息和心理压力；③在应对外部干涉和"颜色革命"意识形态方面，协调集安组织成员国社会、文化和其他人文资源的活动，以保障集安组织成员国人民得到可靠和客观的信息；④在集安组织信息领域判断甄别外部干涉和"颜色革命"意识形态的传播者（尤其是参与反对叙利亚人民的雇佣兵），防止那些可能遭受"颜色革命"的国家更加紧张的负面信息在集安组织信息领域的扩散；⑤在危机状态下建立集安组织成员国媒体与政府机关的特别合作机制，有助于在报道外部干涉和"颜色革命"事件时体现记者的道德和公民责任；⑥研究实现国家间政策在政府与公民社会机构领域合作的统一途径

(构想、基础);⑦实施国内和跨国措施,引导非营利组织解决对国家有重要战略意义的问题,即保障政治稳定、国家安全、增进民族关系、维护主权;⑧在各级政府机构,尤其是法制和安全机构形成公共意见;⑨针对有公民社会机构代表直接参与的外部干涉,进行一系列培训活动,预判应对模式。与包括30多个非营利组织构成的非营利组织网络建立合作,明确确定相应指标,确保非营利组织融资机制透明。

第三章
集体安全条约组织各成员国

当前,集体安全条约组织成员国包括亚美尼亚、白俄罗斯、俄罗斯、哈萨克斯坦、吉尔吉斯斯坦、塔吉克斯坦6个国家,其中白俄罗斯于1993年12月31日加入《集体安全条约》,另外5个国家均为条约创始国。曾经加入过集体安全条约组织(或《集体安全条约》)的国家有乌兹别克斯坦、阿塞拜疆和格鲁吉亚。其中乌兹别克斯坦是《集体安全条约》创始国之一,阿塞拜疆与格鲁吉亚是《集体安全条约》的缔约国。阿塞拜疆于1993年9月24日加入条约,格鲁吉亚于1993年12月9日加入条约,之后三国均于1999年退出《集体安全条约》。后来乌兹别克斯坦又于2006年重新加入集体安全条约组织,并于2012年6月再次宣布退出。在集体安全条约组织的发展历程中,成员国与集体安全条约组织之间的互动关系不尽相同(见表3-1)。引起这种差异的原因是多方面的,影响因素也复杂多样。

表3-1 各国参与集体安全条约组织(《集体安全条约》)进程概况

1992年缔约国	1994~1999年缔约国	2000~2002年缔约国	2003~2017年成员国	现成员国
俄罗斯	俄罗斯	俄罗斯	俄罗斯	俄罗斯
亚美尼亚	亚美尼亚	亚美尼亚	亚美尼亚	亚美尼亚
哈萨克斯坦	哈萨克斯坦	哈萨克斯坦	哈萨克斯坦	哈萨克斯坦
塔吉克斯坦	塔吉克斯坦	塔吉克斯坦	塔吉克斯坦	塔吉克斯坦
吉尔吉斯斯坦	吉尔吉斯斯坦	吉尔吉斯斯坦	吉尔吉斯斯坦	吉尔吉斯斯坦
—	白俄罗斯	白俄罗斯	白俄罗斯	白俄罗斯
乌兹别克斯坦	乌兹别克斯坦	—	乌兹别克斯坦(2006~2012)	—
—	阿塞拜疆	—	—	—
—	格鲁吉亚	—	—	—

集体安全条约组织

第一节 俄罗斯

在集体安全条约组织发展的整个历程中,俄罗斯一直是一个无可替代的角色,它的作用和影响都远大于其他成员国。可以说,俄罗斯是集体安全条约组织得以存在和发展的重要保障,也是集体安全条约组织发展的主要推动者。尤其进入21世纪以来,集体安全条约组织所取得的所有发展都离不开俄罗斯的支持和保障,这也使俄罗斯当之无愧地成为集体安全条约组织的主导者。在大家都习惯了俄罗斯主导集体安全条约组织发展这一思维的时候,还应该看到,俄罗斯并非一直如此表现。苏联解体之初,俄罗斯在维护独联体区域安全和稳定的过程中承担主要的任务和压力,却无力推动《集体安全条约》机制的发展。虽然1995年俄罗斯颁布的《俄罗斯联邦对独联体国家战略方针》中提出了俄罗斯在独联体建立政治和经济一体化的国家联合体的目标,以及构建集体安全体系的相关构想,但其在接下来的几年里基本没有进展。除了外界因素影响之外,当时俄罗斯的困难处境和实力基础欠缺是其无法有效实施这一战略方针的重要原因。进入21世纪,俄罗斯内外状况都有所好转,这为其推进集体安全条约组织的发展提供了必要的基础和条件。

一 转变对独联体政策

独立之初的俄罗斯,认为自己同西方之间已不再像苏联时期那样存在战略利益冲突,西方不会对俄罗斯构成威胁,而只会为俄罗斯提供帮助,以使俄罗斯尽快从旧有的体制中走出来,顺利实现向西方民主模式的转变,所以一心抱着融入西方的希望和热情,积极寻求与西方的一体化。在美好的愿景下,俄罗斯实行了"一边倒"的亲西方政策。但很快现实就给俄罗斯上了"生动"的一课。西方并不像俄罗斯想象的那样"和蔼可亲",也不像其期望的那样慷慨大度。经济上"休克疗法"没有成功,西方许诺的援助也大打折扣,困境之中的俄罗斯才明白,从西方得不到自身发展所需的支持,西方没有意愿帮助俄罗斯实现真正的"西方化"。于是，俄罗斯开始寻找自己的立国之策。

1993年4月，俄罗斯颁布了《俄罗斯联邦外交政策构想》，从地区稳定和俄罗斯境外利益的角度出发，提高了对独联体地区的重视程度。1995年，俄罗斯放弃了"一边倒"的亲西方政策，开始走东西方并重的外交路线。与此同时，俄罗斯开始强调要与独联体各国建立牢固的关系。另外，出于对北约东扩的担忧，1994年2月叶利钦明确提出了国家利益至上的外交原则。1995年俄罗斯颁布的《俄罗斯联邦对独联体国家战略方针》中表示俄罗斯对独联体政策的主要目标在于建立政治和经济一体化的国家联合体，寻求构建集体安全体系，将独联体作为恢复俄罗斯大国地位的战略依托，将独联体摆在俄罗斯外交的优先地位。由于当时俄罗斯的实力和处境所限，其独联体政策虽有所调整，但进展却不是太大。20世纪的最后几年里，俄罗斯没能转变成后苏联空间安全与稳定的保障者和领导者。

2000年之后，普京执掌政权的俄罗斯进一步调整其独联体政策。2000年的《俄罗斯联邦国家安全构想》明确指出，俄罗斯与独联体国家的发展关系、推进独联体范围内的一体化是俄罗斯外交的主要目标。[①] 但由于独联体内的复杂形势，以及各国发展状况和关注问题的差异，在整个独联体范围内推行一体化难度太大，不是俄罗斯在当前实力状态下能完成的。所以俄罗斯开始结合自身实力，根据独联体地区发展差异，按照分层次、分速度地推进独联体一体化的思路，加大俄罗斯在独联体地区的影响力。俄罗斯在独联体范围内不再贪大求全，而是在不同的领域发挥自己的能力，实现一定范围内有效的一体化发展。在经济领域主推欧亚经济共同体，在安全领域主推集体安全条约组织。2002年普京向俄罗斯议会提交的国情咨文中再次指出，"今后也将根据我们的能力和国家利益——军事战略、经济和政治利益，绝对务实地制定俄罗斯对外政策。独联体是保证

---

① Указ Президента Российской Федерации от 10.01.2000 г. No 24 О Концепции национальной безопасности Российской Федерации, http://www.kremlin.ru/acts/bank/14927。

集体安全条约组织

世界广大地区稳定的现实因素，是一些具有共同任务和利益的国家组成的有影响力的联合体。独联体国家的工作是俄罗斯外交重要的优先方面"。①在 2003 年的国情咨文中普京再次强调，俄罗斯外交的主要任务是维护其国家利益，俄罗斯把独联体地区看作自己的战略利益范围。② 2008 年的《俄罗斯联邦外交政策构想》明确提出，发展同独联体成员国的双边和多边合作是俄罗斯外交政策的优先方向。③ 2009 年 5 月俄罗斯总统批准的《2020 年前俄罗斯联邦国家安全战略》指出，在独联体自身以及集体安全条约组织和欧亚经济共同体框架下，俄罗斯将在独联体成员国区域内努力发展区域能力，提升在次区域一体化合作中的作用和影响力。④

在苏联解体之后的最初几年，俄罗斯不仅是集体安全条约组织的主力，也是整个独联体地区安全领域的主力。为应对独联体区域内的安全问题，针对区域内的地区武装冲突，成立了独联体维和部队。比如在南奥塞梯由俄罗斯、格鲁吉亚和南奥塞梯组成的维和部队，在阿布哈兹由俄罗斯、格鲁吉亚和阿布哈兹组成的维和部队，以及后来在塔吉克斯坦由俄罗斯、哈萨克斯坦、乌兹别克斯坦、吉尔吉斯斯坦组成的维和部队。这些维和部队基本都以俄罗斯武装力量为主。另外，在独立后独联体一些国家的边界安全保障工作仍由俄罗斯来承担，比如亚美尼亚、哈萨克斯坦、吉尔吉斯斯坦、塔吉克斯坦、乌兹别克斯坦和土库曼斯坦等国。而当时的俄罗斯对于向其他国家提供安全保障并不十分热心，尤其在自身面临政治经济沉重压力的情况下，俄罗斯的一些政治精英认为，"俄罗斯应该甩掉对其他加盟共和国的经济和社会发展所承担的各种代价昂贵的责任，俄罗斯不应该再充

---

① 〔俄〕普京：《向俄罗斯联邦议会提交的 2002 年国情咨文》，《普京文集》，中国社会科学出版社，2002，第 602~623 页。
② 〔俄〕普京：《2003 年致联邦议会的国情咨文》，《普京文集（2002—2008）》，中国社会科学出版社，2008，第 18~36 页。
③ Концепция внешней политики Российской Федерации, http://www.mid.ru/bdomp/ns-osndoc.nsf/e2f289bea62097f9c325787a0034c255/de43a8a4bcd17daac325784500296ef8/$FILE/%D0%9F%D1%80%D0%B8%D0%BB%D0%BE%D0%B6%D0%B5%D0%BD%D0%B8%D0%B5%20%E2%84%96%201.doc.
④ Стратегия национальной безопасности Российской Федерации до 2020 года, http://www.scrf.gov.ru/documents/99.html, 2012-11-10.

当'奶牛'的角色，独立发展的俄罗斯可以在西方帮助下很快地完成自己当前最迫切的任务，复兴经济，完成民主改革和重新成为世界强国"。① 虽然这种"甩包袱"的心理主要表现在经济和社会领域，但也说明这一段时间里，俄罗斯对在安全领域承担额外负担曾有一定的消极态度。

这种不情愿很快随着俄罗斯对独联体政策的调整而成为过去。1995年俄罗斯对独联体的政策进一步调整，俄罗斯开始主动加强与独联体国家的关系，并主张以《集体安全条约》和独联体国家间的双边协定为基础建立集体安全体系，积极维护俄罗斯的影响力。并在双边关系方面取得了一些进展，比如，1996年俄罗斯与白俄罗斯签订《建立主权国家共同体条约》，1998年7月签订《俄哈永久友好和面向21世纪的同盟关系宣言》，1999年签订《俄罗斯联邦和塔吉克斯坦面向21世纪的同盟协作条约》，1998年俄罗斯和乌兹别克斯坦签订《俄乌永久友好条约》，1998年10月俄、乌、塔三国签订《全面合作打击宗教极端主义宣言》等。俄罗斯的努力在多边框架下没有取得太大的效果，尤其是在《集体安全条约》框架下几乎没有什么进展，1996年到1999年的4年时间里，《集体安全条约》框架下只签署了不到10个文件，分别是1996年的《集体安全理事会关于调整〈集体安全条约〉落实工作协调机构活动的决定》，1997年的《关于〈集体安全条约〉缔约国间举行磋商的程序规章》，1998年的《集体安全条约》缔约国外长理事会通过《〈集体安全条约〉缔约国驻集体安全理事会全权代表章程〉的决定》和《〈集体安全条约〉缔约国外长理事会赋予集体安全理事会秘书处文件保管职能的决定》，1999年的《〈集体安全条约〉续约备忘录》《集体安全体系建立第二阶段的主要行动计划（2001年前）》《关于〈集体安全条约〉缔约国外长理事会的规章》。对于一个承担重大安全使命的多边机制，如此发展节奏明显动力不足。这表明，由于客观局势限制和俄罗斯自身实力虚弱等，此期间俄罗斯无力引领区域内的发展，即使只是在俄罗斯占有很大力量优势的安全领域。

---

① 郑羽：《俄罗斯的独联体政策：十年间的演变》，《东欧中亚研究》2001年第4期，第1~11页。

集体安全条约组织

进入21世纪之后，随着普京政权的确立，俄罗斯在独联体地区的政策进一步调整，即提高独联体在俄罗斯外交中的地位。在继续加强与独联体国家双边关系的同时，俄罗斯对多边机制的重视程度也迅速提升。其中，对集体安全条约组织的重视程度和投入力度都开始大大加强。世纪交替之际，恐怖主义和宗教极端主义势力活动加剧，尤其在中亚地区，由于各国无力控制局势，"三股势力"对各国安全和地区稳定构成严重威胁的同时，向周边地区蔓延，俄罗斯也深受恐怖主义威胁之苦。在这种情况下，俄罗斯与中亚国家在集体安全条约框架内加强了打击恐怖主义和宗教极端主义的合作。

由于外部因素的刺激，俄罗斯决定进一步加大在独联体地区的影响。一方面应对不断加重的恐怖主义和极端主义等威胁，另一方面是应对美国和西方在独联体尤其是中亚国家的渗透。由于反恐战争的打响，独联体地区第一次出现了美国和北约的军事基地。从2001年10月起，美国在中亚五国先后获得了领空通行权和七个机场的使用权，这对打击塔利班提供了有力支持。俄罗斯在与美国进行反恐合作思想的指导下，没有反对美国和北约军事基地进驻中亚。但随着美国等西方力量在中亚地区发展，其作用和影响逐渐超出了反恐所需要的范围。另外在美国等西方国家的支持下，独联体地区发生"颜色革命"，对俄罗斯形成冲击，北约东扩对俄罗斯战略空间造成压力，美国和北约紧锣密鼓地推进在欧洲部署反导弹防御系统计划给俄罗斯带来不安，这些都促使俄罗斯有足够的动力和迫切希望积极地推进集体安全条约组织机制发展，以保持自己在南高加索和中亚的影响力并进一步寻求区域战略平衡。

二 重视集安组织发展

这一阶段，俄罗斯开始进一步从行动上承担集体安全条约组织主导者的责任。在2001年5月独联体国家集体安全理事会会议期间答记者问时，谈到阿塞拜疆与亚美尼亚之间的纳卡问题，普京表示，"我们打算在协议规定范围之内同参与这一进程的各方协调自己的行动，我们将从我们同阿塞拜疆、同亚美尼亚具有特殊的关系这一点出发，我们将利用这一特殊关系造福于该地区各国",并分析了独联体地区各国面临严重的恐怖主义、极端主义和毒品走私威胁,表示各国"希望联合起来反对任何形式的恐怖主义和极端主义"。① 2002 年,由《集体安全条约》进入"集体安全条约组织"时代。普京在 2003 年的国情咨文中指出,"世界上发生的事情证明我们朝着建立集体安全条约组织方向迈进的选择是正确而及时的。因为出现现实而非虚构的威胁——恐怖主义、跨国犯罪和毒品渗透的策源地就在我们附近,我们必须与集体安全条约组织的伙伴保障前苏联大部分地区的稳定与安全"。②

同时,俄罗斯国内局势的发展成果和趋势为俄罗斯的对外政策提供了有力的保障。随着俄罗斯普京政策的逐渐发力,俄罗斯国内政治经济形势慢慢好转,俄罗斯在集体安全条约组织中的主导者地位不断得到加强。在综合国力不断恢复和提升的过程中,尤其是在军事力量建设能力上的恢复,为俄罗斯主导集体安全条约组织发展提供了必要的基础和支撑。如普京在《2006 年致联邦议会的国情咨文》中所讲,"军队的情况发生了质的改变。武装力量的现代化结构建立起来了,正在用新的现代化军事技术武装军队"。③ 2008 年的《俄罗斯联邦外交政策构想》指出,"将集体安全条约组织作为保持独联体稳定与安全的重要工具予以全面发展,尤其重视集体安全条约组织作为能够适应形势的多功能一体化机制,使集体安全条约组织成员国能够进行及时有效的联合行动,重视把集体安全条约组织转变成能够保障其区域内全面安全的重要机构"。④ 2009 年 5 月,俄罗斯总

---

① 普京:《联合起来反对任何形式的恐怖主义和极端主义——就独联体国家集体安全委员会会议结果举行的记者招待会上答记者问》,《普京文集》,中国社会科学出版社,2002,第 302~304 页。

② 普京:《2003 年致联邦议会的国情咨文》,《普京文集(2002—2008)》,中国社会科学出版社,2008,第 18~36 页。

③ В. Путин, Послание Федеральному Собранию Российской Федерации, http://archive.kremlin.ru/text/appears/2006/05/105546.shtml, 2012-10-8.

④ Концепция внешней политики Российской Федерации, http://www.mid.ru/bdomp/ns-osndoc.nsf/e2f289bea62097f9c325787a0034c255/de43a8a4bcd17daac325784500296ef88!FILE/%D0%9F%D1%80%D0%B8%D0%BB%D0%BE%D0%B6%D0%B5%D0%BD%D0%B8%D0%B5%20E2%84%96%201.doc.

集体安全条约组织

统批准的《2020年前俄罗斯联邦国家安全战略》再次强调，集体安全条约组织被视为应对区域军事政治和军事战略性挑战和威胁以及打击毒品和精神药物非法交易的重要国家间工具。① 2013年2月12日，普京总统签署的《俄罗斯联邦外交政策构想》中再次指出，俄罗斯将集体安全条约组织视为后苏联空间现代安全保障体系中最重要的因素之一。在集体安全条约组织责任区及其邻近地区各种全球性和区域性因素影响不断加强的情况下，俄罗斯将促进集体安全条约组织进一步向一个多功能的国际组织转型，以应对当前的各种挑战和威胁；促进集体安全条约组织的发展，将其作为维持集体安全条约组织区域稳定与安全的重要工具；重点加强快速反应机制及其维和能力，并改善集体安全条约组织成员国间的对外政策协调。②

随着俄罗斯对独联体地区重视程度的提高，集安组织的发展得到了有效的推动。俄罗斯为组织建设和发展提供的资源最多，包括人力、物力、智力支持。俄罗斯军队是集体安全条约组织军事力量的主要构成部分，无论是集体快速反应部队还是地区军事集群都是如此。作为苏联核武器的唯一继承者，俄罗斯在其军事学说中指出，俄罗斯的战略核力量对侵略缔约国的企图负有遏制功能。这些都奠定了俄罗斯在地区安全领域特殊的重要地位。归结起来讲，俄罗斯是以满足自身需要为根本目的，以适应局势需要为基本途径，以"为我所用"为指导原则来推进集体安全条约组织的发展方向和组织模式的。

---

① Указ Президента Российской Федерации от 12.05.2009 г. № 537 О Стратегии национальной безопасности Российской Федерации до 2020 года, http://www.kremlin.ru/acts/bank/29277.

② Концепция внешней политики российской федерации, http://www.kremlin.ru/search?query=%D0%9A%D0%BE%D0%BD%D1%86%D0%B5%D0%BF%D1%86%D0%B8%D1%8F+%D0%B2%D0%BD%D0%B5%D1%88%D0%BD%D0%B5%D0%B9+%D0%BF%D0%BE%D0%BB%D0%B8%D1%82%D0%B8%D0%BA%D0%B8+%D0%A0%D0%BE%D1%81%D1%81%D0%B8%D0%B9%D1%81%D0%BA%D0%BE%D0%B9+%D0%A4%D0%B5%D0%B4%D0%B5%D1%80%D0%B0%D1%86%D0%B8%D0%B8.

第二节　中亚成员国

从时间和历程上来讲，中亚三国哈萨克斯坦、吉尔吉斯斯坦和塔吉克斯坦，在集体安全条约组织各个发展进程中都是积极的参与者，三国不仅都是组织的创始国（无论是《集体安全条约》还是集体安全条约组织），而且中间没有出现过退出和摇摆的现象。从组织建设和运行状况来看，包括集体安全条约组织框架下的武装力量构成和军事演习活动，三国也都是积极的参与者。这首先与三国的处境有直接关系。

哈、吉、塔三国在获得独立的过程中，中亚地区的局势并不稳定。中亚原本就是一个历史文化和民族关系比较复杂的地区，存在和隐含着各种不稳定因素。苏联解体之际，中亚地区各种各样的社会团体和政治组织纷纷登场，各种极端思潮不断滋生，特别是宗教极端主义、民族分裂主义泛滥，导致民族纠纷接连不断，中亚各加盟共和国政权面临严峻挑战，社会形势急剧恶化。与此同时，中亚国家还受来自外部不确定因素的影响。随着苏联的解体，土耳其、伊朗基于历史和宗教等因素，具有对独联体伊斯兰地区施加影响的潜力和可能。中亚国家直接面临来自阿富汗乱局的困扰。苏联解体前未及完全解决的中苏边界问题，变成了哈、吉、塔三国必须各自背负的"沉重遗产"。对于哈、吉、塔三国来说，在内外交困的状态下，加入《集体安全条约》便有了一道护身符。按照《集体安全条约》的规定，内忧外患之时都可以有所保障，尤其是在自己无能为力的外部安全方面，可以得到包括俄罗斯在内的集体力量的保护。这些问题的存在，使哈、吉、塔三国对集体安全条约组织的依赖成了一种常态。

国际恐怖主义、宗教极端主义、跨国有组织犯罪等非传统安全威胁的凸显，使集体安全条约组织对中亚三国增加了新的吸引力。尤其是进入21世纪，国际恐怖主义、宗教极端主义、跨国有组织犯罪等因素成为困扰中亚国家的一个重症。一方面，这些安全威胁因素在中亚有滋生的根源；另一方面，它们本身具有跨国性和渗透性。这一问题已经不是令某一国家头疼的事情，而是成了公害。面对这些难以捉摸的威胁，进行多边的

集体安全条约组织

国际合作十分必要。为应对恐怖主义威胁，2001年5月，《集体安全条约》缔约国首脑决定成立中亚集体安全区集体快速部署部队。中亚集体安全区集体快速部署部队于2001年8月1日前建成。中亚集体安全区集体快速部署部队由俄、哈、吉、塔四国所出的兵力共同组成。现在中亚集体安全区集体快速部署部队由10个营组成：俄罗斯和塔吉克斯坦各派出3个营，哈萨克斯坦和吉尔吉斯斯坦各派出2个营。军队规模大约4000人。根据集体安全理事会2003年8月的决定，驻扎在坎特（吉尔吉斯斯坦）的俄罗斯空军基地划入中亚集体安全区集体快速部署部队。在和平时期，各国的部队单位在其领土上服从于本国的军事命令而独立于集体快速部署部队，部队人员的培训和教育由各自的国防部承担，但其过程主要按照"联合作战和战斗训练活动计划"来进行。通过每年举行一次军事演习来保障集体快速部署部队的训练水平。在近年来的演习中，参加国力量和资源以及地理基础上的部署场地都在不断扩大。2001年的演习在吉尔吉斯斯坦举行，2002年和2003年在塔吉克斯坦举行，2004年在哈萨克斯坦和吉尔吉斯斯坦举行，2005年在塔吉克斯坦举行，2006年在哈萨克斯坦举行。[①] 如集体安全条约组织时任秘书长博尔久扎所讲，集体快速部署部队成了中亚地区安全的保障机构。

除此之外，哈、吉、塔三国与集体安全条约组织的关系，同集体安全条约组织主导者俄罗斯有着密切的关联性。在俄罗斯漠视《集体安全条约》机制的时候，哈、吉、塔三国也对之缺乏兴趣；在俄罗斯有心思、有能力推动组织发展的时候，三国便顺势而为。尤其是在俄罗斯提出务实地制定外交政策之后，三国就更结合自身需要，灵活地参与到俄罗斯主导的地区安全机制建设进程中。普京表示："今后也将根据我们的能力和国家利益——军事战略、经济和政治利益，绝对务实地制定俄罗斯对外政策。"[②] 言外之意就是付出要有回报，不再为别国提供"免费的午餐"，俄罗斯在向独联体国家提供安全保障的时候，需要得到相应国家一定形

---

① Сайт ОДКБ, Коллективным силам быстрого развертывания Центральноазиатского региона-5 лет, http://www.dkb.gov.ru/g/l.htm, 2012 – 12 – 1.

② 〔俄〕普京：《向俄罗斯联邦议会提交的2002年国情咨文》，《普京文集》，中国社会科学出版社，2002，第602~623页。

式的回报。正如普京所说:"俄罗斯积极地融入国际社会。尽管竞争激烈,这一点我已说过,但对我国特别重要的是能找到盟友,以及自己能成为其他国家的可靠盟友。"① 对中亚三国来说,俄罗斯这种务实的外交政策也促使它们积极参与俄罗斯所主导的行动,支持和配合俄罗斯主导的多边机制,比如参与集体安全条约组织、参与欧亚经济联盟等推进独联体地区的一体化进程,就是对俄罗斯的一种回报,以换取俄罗斯提供的安全保障和支持。

集安组织自身的发展和俄罗斯在其中发挥的作用,是哈、吉、塔三国一贯地保持与集体安全条约组织关系的原因和基础。三个国家与集体安全条约组织的关系在具体层面又有各自的表现,这是由多方面原因造成的。第一,这三个国家的地缘处境不相同;第二,各自的实力不相同;第三,三个国家的社会政治情况存在差异。

一 哈萨克斯坦

哈萨克斯坦在集体安全条约组织中不算是最大的国家,因为有俄罗斯在,但也不是最小的国家,即使在整个独联体地区,哈萨克斯坦的综合实力也是名列前茅的。哈萨克斯坦领土面积为 272.49 万平方公里,在集体安全条约组织成员国中,仅次于俄罗斯,位居第二。哈萨克斯坦北邻俄罗斯,东接中国,南与乌兹别克斯坦、土库曼斯坦、吉尔吉斯斯坦接壤,西濒里海,处于欧亚大陆中心地带,素有"当代丝绸之路"之称的"欧亚大陆桥"横贯哈萨克斯坦全境。从世界地缘政治的理论讲,哈萨克斯坦战略位置十分重要。无论是苏联刚解体的时候,还是接下来的时期,哈萨克斯坦在独联体地区都有着重要的战略地位。哈萨克斯坦一直奉行独立自主的外交政策,寻求全方位外交,哈萨克斯坦领导人制定了对外政策的基本目标,是"使国家融入国际社会,保证国家安全,促进经济发展,保护境外哈国公民的权利和利益,同一切愿致力于发展互利关系的国家开展

---

① 〔俄〕普京:《向俄罗斯联邦议会提交的 2002 年国情咨文》,《普京文集》,中国社会科学出版社,2002,第 602~623 页。

集体安全条约组织

合作"。①

哈萨克斯坦与集体安全条约组织的关系状况，在很大程度上与集体安全条约组织的主导者俄罗斯相关联。与俄罗斯早期对集体安全条约机制的忽视类似，哈萨克斯坦最初也没有给予其太多的关注。在俄罗斯转为同独联体国家加强关系的过程中，哈萨克斯坦表现出了配合的姿态，早期两国在双边框架下取得的成果远多于多边机制下的收获。

在苏联解体之前，哈萨克斯坦作为重要的加盟共和国，无论是其经济还是军事，都是苏联的重要组成部分。苏联解体时，哈萨克斯坦曾是四个核武器继承者之一，后放弃核国家地位。哈萨克斯坦境内的拜科努尔航天发射场，一直被俄罗斯租用。哈萨克斯坦总统纳扎尔巴耶夫曾是苏联哈萨克苏维埃社会主义共和国总统、哈共中央第一书记，苏联人民代表大会同意增设苏联副总统职务时，曾是副总统的热门人选，在苏联走向崩溃的最后时间里，他没有表现出任何民族分离的情绪和倾向，坚定地呼吁保持苏联的存在。② 而在苏联解体已成无可挽回之势的情况下，哈萨克斯坦是过渡较为平稳的加盟共和国之一。这一方面得益于哈萨克斯坦政权和局势的稳定，另一方面则是其比较善于利用联合的力量。纳扎尔巴耶夫掌权的哈萨克斯坦一直以来都基本保持平稳的发展状态。

刚独立就面临重大压力和挑战的哈萨克斯坦与俄罗斯进行了双边层面上的互动。1992年5月25日，哈萨克斯坦和俄罗斯两国签署了《俄哈友谊、合作与互助协定》。"协定确定了相互尊重主权、独立、领土完整，互不干涉内政，和平调节彼此间争端，不使用武力或经济压力的原则。双方在军事上要加强合作以维护两国和地区的安全，两国军队有权共同使用对方境内的军事设施，在遇到军事侵略时相互提供援助。一方不得加入针对另一方的军事联盟，在没有经过双方协商达成一致之前，不得将本国领土提供给第三国用于军事目的。"③ 在协定中，"两国承认现存边界的合法

---

① K.K. 托卡耶夫：《哈萨克斯坦对外政策》，《外交学院学报》2002年第3期，第9~11页。
② 〔俄〕麦德维杰夫：《苏联的最后一年》（增订再版），社会科学文献出版社，2009，第6页。
③ 杨雷：《俄哈关系论析》，世界知识出版社，2007，第89页。

性，均保证不允许任何组织和个人在本国境内从事威胁到对方主权、领土完整和激化民族关系的活动。两国将维护边界的开放性，对相互间的移民活动实行来去自由的政策。双方要切实保障本国境内的少数民族拥有平等的语言、宗教和文化发展的权利"。①从这一协定中的这些内容可以看出，哈萨克斯坦和俄罗斯之间在领土边界、民族问题、财产划分等新独立国家间最容易产生分歧和冲突的领域基本达成了一致意见，这为两国关系的平稳过渡奠定了基础。另外，与俄罗斯曾有过"一边倒"亲西方的状况类似，独立之初的哈萨克斯坦有一段时间也曾主要忙于扩展外交范围。同样，哈萨克斯坦很快发现与俄罗斯彼此疏远不利于自己的建设和发展，尤其是自己的军事建设和国防方面几乎陷入空白。这时哈萨克斯坦重新认识到与俄罗斯合作的必要性和重要性，进而双边关系得到回暖，安全合作得到进一步加强。1995年1月，俄哈签署了《关于扩大和加强哈萨克斯坦和俄罗斯合作的宣言》，宣言中指出，俄哈两国将建立联合边防部队，以共同保卫哈萨克斯坦的外部边界。②上述协定关于"遇到侵略相互援助"的内容，在《集体安全条约》中也曾有类似的条款。由于当时《集体安全条约》机制下的安全保障力量基本也是靠俄罗斯，可以说，哈萨克斯坦通过双边机制基本收到了《集体安全条约》多边框架下所能达到的效果。尤其是双方商定"共同保卫哈萨克斯坦的外部边界"，更是让哈萨克斯坦在安全问题方面吃了颗定心丸。

由于双方关系内容的丰富和复杂性以及国际环境的不断变化发展，俄哈关系并不总是能保持和谐一致。比如，根据哈俄关系发展的逻辑，2011年时俄罗斯感兴趣的方面如下：保持哈萨克斯坦作为在中亚和后苏联空间内关系最近的伙伴和盟友；与哈萨克斯坦一同实现大规模的一体化规划；俄罗斯与哈萨克斯坦经济最大限度地一体化；与阿斯塔纳一起建设能源同盟，共同开采和运输矿物能源，发展核能；与阿斯塔纳共同建立食品卡特尔（首先是在粮食生产方面）；在对莫斯科有直接重要意义的领域（能源

---

① 杨雷：《俄哈关系论析》，世界知识出版社，2007，第90页。
② 杨雷：《俄哈关系论析》，世界知识出版社，2007，第97页。

集体安全条约组织

和运输),形成哈萨克斯坦实行独立全方位政策的能力;保持哈萨克斯坦与西方合作的界限;监测哈萨克斯坦与中国的关系;与哈萨克斯坦建立全面的关税、货币和贸易联盟。俄罗斯与哈萨克斯坦关系中的长期目标可分为:两国最大限度地充分一体化,预防国民经济体系的反一体化;建立统一防御空间;实行统一货币。[1] 在这样的背景下,当时在哈俄双边关系框架内最紧要的问题是莫斯科能在一体化进程中走多远,以及哈萨克斯坦在不损害国家主权的情况下能与莫斯科接近到什么程度。哈萨克斯坦专家们的共识是,哈萨克斯坦未来发展的最严峻挑战之一正是来自关系最近的盟友——俄罗斯。在安全领域也可能出现一系列问题,因为哈萨克斯坦在加入集体安全条约组织的同时还积极发展与北约的关系。哈萨克斯坦合理地加强与西方的军事技术合作没有引起怀疑,但不能排除这种合作在一定范围内受到来自莫斯科的严重压力。于是,在与莫斯科严格约定和西方合作范围的情况下,阿斯塔纳适合延续保持哈俄军事政治联盟作为国家安全的基础。[2]

哈萨克斯坦与集体安全条约组织保持着平稳而密切的关系,在集体安全条约组织框架下,在国防建设和反恐斗争等安全领域取得不少实际安全利益。在积极参与集体安全条约组织的筹建和运作的过程中,同集体安全条约组织成员国展开广泛的军事政治安全合作。曾经由于享受与俄罗斯双边关系的成果而对集体安全条约组织缺乏重视,只要俄罗斯不急于推进集体安全条约组织机制,哈萨克斯坦就不急于朝多边方向考虑。而随着俄罗斯对集体安全条约组织重视程度的提升,也基于自身安全的需要,哈萨克斯坦比较积极地参与了集体安全条约组织的筹建和运作,包括于 1999 年 4 月续签《集体安全条约》,2001 年组建集体快速部署部队,签署《集体安全条约组织章程》等一系列文件,多年来一直积极参加集体安全条约组织框架下举行的不同形式的军事演习等。虽然在哈萨克斯坦发展与集体

---

[1] К. Л. Сыроежкин, Центральная Азия сегодня: вызовы и угрозы, Алматы: КИСИ при Президенте РК, 2011, с. 280.

[2] К. Л. Сыроежкин, Центральная Азия сегодня: вызовы и угрозы, Алматы: КИСИ при Президенте РК, 2011, с. 281.

安全条约组织关系的过程中会有不少干扰因素出现，但当前情况下，各种因素都还不足以取代或是阻断哈萨克斯坦与集体安全条约组织之间多年来形成的密切联系。

二　吉尔吉斯斯坦

吉尔吉斯斯坦位于中亚东北部，北部和东北部接哈萨克斯坦，南部邻塔吉克斯坦，西南部毗连乌兹别克斯坦，东南部和东部与中国接壤。领土面积为 19.99 万平方公里，其中 90% 的领土在海拔 1500 米以上，1/3 的地区海拔为 3000~4000 米，4/5 是山地。吉尔吉斯斯坦在苏联时期整个国家的政治经济状况就较差，独立之后更是陷入无法自理的状态。在集体安全条约组织中其实力地位也不高，除去综合实力因素的限制，吉尔吉斯斯坦国内动荡不安的社会和政治形势也是影响其与集体安全条约组织关系的重要因素。

独立之初，吉尔吉斯斯坦国内局势经历了一个动荡的过程。当时在反对派极力谋求夺权的过程中，一些民族和宗教情绪也被煽动起来，各种极端思潮不断滋生，特别是宗教极端主义、民族分裂主义泛滥，导致民族纠纷接连不断，吉尔吉斯斯坦国内形势极不稳定。在内部动荡的同时，外部环境也不轻松。而面对这一切，吉尔吉斯斯坦自身显得无能为力。进入 21 世纪以后，吉尔吉斯斯坦政局仍不稳固，已经先后经历两次大的变动。2005 年吉尔吉斯斯坦发生"颜色革命"，阿卡耶夫政权倒台。2010 年 4 月吉尔吉斯斯坦再次发生反政府暴力活动，国内局势失控，经历了半年多的动荡之后，2010 年 12 月新政府才建立起来。

吉尔吉斯斯坦独立初期，俄罗斯在吉尔吉斯斯坦的安全保障和军事力量以及其他强力机构的建设中发挥了重要作用。俄罗斯还帮助吉尔吉斯斯坦守卫吉中边界和建立边防军。1992 年 12 月，两国签署关于在吉尔吉斯斯坦成立边防军的协议。塔吉克斯坦内战时俄罗斯边防部队接管了吉塔边界的防务，1997 年底移交给吉边防军。应吉尔吉斯斯坦的要求，1999 年俄罗斯边防军将吉尔吉斯斯坦同中国的边界防务移交吉边防军。经历 1999 年巴特肯事件后，俄罗斯和吉尔吉斯斯坦两国间的军事安全合作得

集体安全条约组织

到加强，开始在反恐领域协调行动，经常举行联合反恐的军事演习等。俄罗斯还向吉尔吉斯斯坦提供大量的军事装备和资金援助，并在军事技术方面提供帮助和支持，以及以优惠的条件为吉尔吉斯斯坦培训军事人才。俄罗斯从吉尔吉斯斯坦得到的主要是吉境内军事设施的租用权以及一些军工产品的采购，其中军事设施包括坎特空军基地、俄海军舰队第 954 "科伊－萨雷"反潜水艇武器试验基地、俄海军舰队第 338 通信中心、俄国防部地震局第一自动地震监测站和第 17 无线电地震实验室。

两国关系也并不全是合作与援助。其中，2011 年，吉尔吉斯斯坦在对俄罗斯关系中有一个不友好的举动，即与土耳其就转让吉尔吉斯斯坦"达斯坦"工厂（生产鱼雷）49% 股份的谈判，这些股份先前被许作俄罗斯减免吉尔吉斯斯坦债务的交换条件。① 后来在俄罗斯方面制裁的影响下，吉方被迫收回对土方的许诺。

总体上看，吉尔吉斯斯坦与集体安全条约组织的关系和哈萨克斯坦相似，经历了一个从不关注到参与其中的过程。但由于该国国内政局动荡不安，吉尔吉斯斯坦与集体安全条约组织的关系状态并不十分稳定，而是表现出阶段性的低迷。比如，2005 年的"边界－2005"军事演习最初计划在吉尔吉斯斯坦举行，但由于吉尔吉斯斯坦政局突生动荡，时任总统阿卡耶夫逃亡国外，吉反对派组建临时政府，演习地点被迫临时改到塔吉克斯坦。② 有时候则会表现得有些犹豫。2011 年 2 月，集体安全条约组织时任秘书长博尔久扎对比什凯克进行为期三天的访问，博尔久扎向吉尔吉斯斯坦领导人转达了建议，准备在该国境内进行维和或反恐性质的演习，这是基于集体安全条约组织集体快速反应部队在中亚建设规模军事集团的计划，而这一建议没有得到明确的回应。③

---

① К. Л. Сыроежкин，Центральная Азия сегодня：вызовы и угрозы，Алматы：КИСИ при Президенте РК，2011，с. 266.
② 《独联体边界－2005 演习以吉尔吉斯骚乱为背景》，2005 年 4 月 5 日，http：//news. sohu. com/20050405/n225022398. shtml。
③ К. Л. Сыроежкин，Центральная Азия сегодня：вызовы и угрозы，Алматы：КИСИ при Президенте РК，2011，сс. 266 - 267.

从安全需求方面来讲,吉尔吉斯斯坦对集体安全条约组织有较强的依赖。但由于集体安全条约组织发展阶段和职能的局限,并不能完全满足吉尔吉斯斯坦各方面的需求。当前,集体安全条约组织在反恐等领域的实际作用比较突出,虽然也对成员国紧急状态给予越来越多的关注,但还是无法在紧要关头发挥应有的作用。当吉尔吉斯斯坦国内政局发生重大波动时,集体安全条约组织不止一次显得无能为力。吉尔吉斯斯坦国内政局的发展状况,成为影响其与集体安全条约组织关系的一个重要因素,也是促进集体安全条约组织进行自身功能建设的重要参考因素。

三 塔吉克斯坦

塔吉克斯坦领土面积为14.31万平方公里,境内山地和高原约占93%,其中约一半海拔在3000米以上,西部同乌兹别克斯坦接壤,北部与吉尔吉斯斯坦接壤,东邻中国,南部紧挨阿富汗。

塔吉克斯坦于1991年9月宣布独立。独立后,由于政治、宗教、民族斗争激烈,反对派力量为争夺政权而与政府展开武装对抗,引起塔吉克斯坦内战。1994年11月埃莫玛利·拉赫莫诺夫当选该国首任总统,但反对派与政府之间的武装斗争一直未停,至1997年塔吉克斯坦才走上了和平道路。但国内局势有所好转并没有改善塔吉克斯坦的安全状况。

可以说,在安全方面塔吉克斯坦对俄罗斯的依赖度远高于前两个国家,所以塔吉克斯坦与俄罗斯的安全关系也就更显密切。在塔吉克斯坦内战中俄罗斯驻塔军队发挥了重要作用,仅1993年,俄边防军就与反对派人员发生了106次冲突。[①] 在俄罗斯的帮助下,塔吉克斯坦拉赫莫诺夫政权经过长期的斗争,于1997年使国内局势稳定下来。之后,俄罗斯与塔吉克斯坦展开了和平状态下的安全合作。1999年4月,双方签署《俄罗斯在塔吉克斯坦军事基地的地位和驻扎条件条约》。俄罗斯为塔吉克斯坦拨款约100万美元,援助其建设国家防空体系,2000年塔吉克斯坦第一个防空营投入战斗值班,从2001年起塔吉克斯坦防空部队编队开始定期

---

① 赵常庆主编《十年巨变——中亚与外高加索卷》,中共党史出版社,2004,第74页。

集体安全条约组织

到俄罗斯阿斯特拉罕州的"阿舒卢克"训练场进行射击训练。① 2001～2004 年塔吉克斯坦与俄罗斯的军事合作出现了下滑。美军进入中亚地区及吉尔吉斯斯坦和乌兹别克斯坦因美国军事基地而获得经济收入等事实，促使杜尚别向莫斯科施加压力。塔吉克斯坦政府要求获得优惠，并拖延《俄罗斯在塔吉克斯坦军事基地的地位和驻扎条件条约》生效的谈判进程，但该条约于 1999 年就已签订。同时俄罗斯向杜尚别提供基地及其下辖的塔吉克斯坦国防部紧急情况部队的全部经费，并免除了 3 亿美元的国债。谈判过程中还提到一个问题，即被列入俄罗斯反导国防力量的太空"窗口"监控体系的光电中心。这一建于苏联时期的设施对整个独联体的安全都具有战略意义。随着美国退出《反导条约》，局势急剧变化。塔吉克斯坦建议俄罗斯专有（之前该设施地位未定）该中心，获得其使用权需支付 5000 万美元。②

2005 年，塔吉克斯坦军人在俄罗斯军事院校学习享受优惠条件（每年超过 80 人为免费）。塔吉克斯坦定期参加集体安全条约组织、上合组织框架内的军事演习及与俄罗斯的双边军事演习。2006 年，俄罗斯向塔吉克斯坦军队转交了 4 架直升机：2 架米－24 攻击机和 2 架米－8 军用运输机。这一年俄罗斯对塔吉克斯坦的军事技术援助总共达到 2600 万美元。2007 年，俄罗斯对该国的军事援助近 3000 万美元。俄罗斯时任国防部长谢尔久科夫称，通过转交军事装备和武装俄罗斯基地的方式对塔吉克斯坦军队进行改造。俄罗斯军事基地拥有的装备价值将近 10 亿美元，几乎相当于塔吉克斯坦 GDP（2008 年为 35 亿美元）的 1/3。军事技术援助进程增强了 201 号基地和俄罗斯在塔吉克斯坦及整个中亚作为安全与稳定保障角色的意义。俄罗斯从自身方面建议保持塔吉克斯坦与俄罗斯武装的关系，即在俄罗斯获得军事教育，使从俄罗斯得来的军事装备发挥效能。显然，俄罗斯希望将塔吉克斯坦的国防工业纳入自己的

---

① 柳丰华：《俄罗斯与中亚——独联体次地区一体化研究》，经济管理出版社，2010，第 102 页。

② К. Л. Сыроежкин, Центральная Азия сегодня: вызовы и угрозы, Алматы: КИСИ при Президенте РК, 2011, с. 271.

第三章　集体安全条约组织各成员国

掌控之中，而杜尚别则希望俄方为其培养军事人员和实现军事工厂的现代化。①

两国之间的合作并不总是能达成完全一致，也会有一些分歧。2007年俄罗斯开始从杜尚别机场向艾尼（Айни）转移驻军，这是两国《俄罗斯在塔吉克斯坦军事基地的地位和驻扎条件条约》所规定的。根据条约，在艾尼应该有驻军和塔吉克斯坦武装力量。鉴于此，莫斯科希望在艾尼确立单独存在。根据官方资料，俄罗斯在这个基地计划部署6架苏-25强击机、12架米-8和米-24直升机、30辆汽车及飞行装备。为了实现单独存在，莫斯科准备投入500万美元用于完善机场基础设施。由于来自国际机构和各国的拨款不足，塔吉克斯坦决定通过其他途径获取必要的资金，确定俄罗斯战略朝向的同时，还寄希望于美国在自己的领土上出现。最终莫斯科未能在坚持自己条件的情况下实现愿望。2008年4月底，塔俄签订关于军事部署和军事技术合作的条约。其中规定，基于军事目的，俄罗斯将与塔吉克斯坦军队一同使用"吉萨尔"机场（艾尼空军基地）。塔吉克斯坦拒绝俄罗斯单独控制该基地，可能是希望为自己留下回旋空间，目的是可以在出现问题时通过邀请其他有意愿的力量进入吉萨尔向莫斯科施压。② 俄罗斯与塔吉克斯坦关系中最根深蒂固和原则性的问题是在离杜尚别不远的吉萨尔机场部署俄罗斯航空兵。这个半荒废的机场建于苏联时期，由印度专家重建。在2004年达成的协议中，要将杜尚别民用机场的俄罗斯飞行员、装备和航空兵转移到那里。共有5架被塔吉克斯坦政府禁止演练飞行的苏-25战机被转移部署到了吉尔吉斯斯坦的坎特基地。吉萨尔机场之所以吸引俄罗斯，是因为莫斯科和杜尚别之间存在协定，规定俄罗斯军事飞机应该无偿驻守在塔吉克斯坦的军事机场。所以，如果俄罗斯空军转移到那里，塔吉克斯坦就不能再收费。该空军基地是塔吉克斯坦最大的航空港，其跑道长达3200米，可以起降所

---

① К. Л. Сыроежкин, Центральная Азия сегодня: вызовы и угрозы, Алматы: КИСИ при Президенте РК, 2011, с. 273.

② К. Л. Сыроежкин, Центральная Азия сегодня: вызовы и угрозы, Алматы: КИСИ при Президенте РК, 2011, с. 274.

有类型的飞机。美国和北约也有意于"艾尼"。基地归谁使用的问题被拖延至 2014 年。①

美国和北约的介入，使俄罗斯与塔吉克斯坦之间的合作充满变数。美国担心往阿富汗运输兵力的北方航线的安全，因为这一航线经过塔吉克斯坦和乌兹别克斯坦的领空。美国曾表示将逐渐从阿富汗撤军，白宫将更感到与中亚国家建立更紧密联系的必要，其中包括与塔吉克斯坦的关系，以便安置从阿富汗撤出的部队。鉴于此，美国与塔吉克斯坦讨论了建立临时驻军点和训练中心的计划。据官方通报，美国将着手为塔吉克斯坦军队培养人才。第一个中心可能将具有基地功能，位于距首都 45 公里的图尔孙扎德。显然五角大楼制定的计划是部署那些有阿富汗作战经验的美国特战队精英。这些不可能不对杜尚别与莫斯科的关系造成负面影响。2010 年 9 月初塔吉克斯坦内政局势的恶化见证了外部力量的参与，内政因素促进了俄塔关系的改善。此时，拉赫莫诺夫的支持率在下降，借在塔吉克斯坦建立第二个俄罗斯军事基地，正好可以获得莫斯科的支持，以巩固他的地位。2010 年 9 月初的事件证明，如果杜尚别无法克服不稳定局势的威胁，此威胁有可能将促使该地区的三个问题国家——阿富汗、塔吉克斯坦和吉尔吉斯斯坦南部连成一体，成为一个冲突带。这是俄罗斯所不愿看到的，所以俄罗斯必须在保住拉赫莫诺夫政权和维持区域稳定之间找到折中的解决办法。

塔吉克斯坦与俄罗斯之间的安全联系非常紧密，但在紧密合作的同时也存在一些分歧，主要是在援助和资金的投入方面。而来自美国和北约的影响则成为扩大这种分歧的推动力。塔吉克斯坦一方面希望靠俄罗斯为自身安全提供保障，另一方面又试图在俄罗斯与外来力量竞争的过程中抬高身价，以获取更多的利益。而综合来看，这种双重追求是有一定限度的，即前提是与俄罗斯保持安全合作。

塔吉克斯坦与集体安全条约组织的关系基本符合哈萨克斯坦和吉尔吉

---

① К. Л. Сыроежкин, Центральная Азия сегодня: вызовы и угрозы, Алматы: КИСИ при Президенте РК, 2011, c. 277.

斯斯坦与集体安全条约组织的发展路径，但塔吉克斯坦更为积极一些。这在集体快速部署部队的建制构成上显示的比较明显，塔吉克斯坦与俄罗斯一样，有三个营参与其中，比哈萨克斯坦还要多一个营。从以下方面也可以看出塔吉克斯坦对集体安全条约组织的依赖程度更高一些：一是其与恐怖主义等安全威胁的滋生地离得很近，受到这方面的威胁更为严重；二是其独立应对安全威胁的能力较弱；三是其对主导集体安全条约组织的俄罗斯依赖更多。虽然有外来反恐力量的进入，但塔吉克斯坦主要依靠集体安全条约组织来维护自身安全的基本状况短期之内很难改变。

第三节 亚美尼亚和白俄罗斯

亚美尼亚和白俄罗斯是集安组织的稳定成员，两国分别与俄罗斯缔结了联盟关系，它们与俄罗斯的双边关系水平都超过了多边机制框架内所能达到的程度。

一 亚美尼亚

亚美尼亚是集体安全条约组织中比较特殊的国家。第一，从地缘上讲，它与其他的成员国没有领土相邻，相互之间没有直接通道。第二，从文化上来讲，它既不像俄罗斯和白俄罗斯以东正教为主，也不像中亚三国以伊斯兰教为主，是成员国中唯一一个以基督教为主的国家。而亚美尼亚最与众不同的地方是它与邻国有严重的领土争端——纳戈尔诺-卡拉巴赫问题。前两个特点还都不至于有安全上的影响，就连深深困扰着俄罗斯和中亚国家的恐怖主义，对亚美尼亚的威胁也显得弱很多，而与阿塞拜疆之间关于纳卡地区的领土争端，就直接成了影响亚美尼亚生存安危的问题。

亚美尼亚和阿塞拜疆围绕纳戈尔诺-卡拉巴赫地区的归属问题经历了长期的斗争。尽管两国独立之初进行了数年战争，但问题仍未解决。亚美尼亚占领着纳卡地区，阿塞拜疆想收复失地，两国敌对关系并未化解。凭自己的力量，亚美尼亚无法与阿塞拜疆相抗衡。如果没有外力的支持，亚美尼亚不可能在纳卡问题上争取到现在的结果。而放眼四周，与之相邻的

集体安全条约组织

四个国家，除了对抗中的阿塞拜疆，历史的宿怨使土耳其、伊朗不可能向亚美尼亚伸出援手；也难指望从格鲁吉亚获得援手，即使格鲁吉亚有施助之心，凭其能量也难提供有力支持。综观全局，这个外力只能来自俄罗斯。历史上，亚美尼亚就曾主动寻求沙俄的庇护，以抵制奥斯曼帝国的统治。与俄罗斯的传统历史关系为亚美尼亚寻求自保提供了有利条件。而在俄罗斯"一边倒"亲西方的时候，亚美尼亚与阿塞拜疆在纳卡问题斗争中之所以没有失利，一方面是亚美尼亚独立过程相对平稳、没受到太大冲击，另一方面很大一部分原因在于阿塞拜疆政策的失误。由于1992～1993年阿塞拜疆时任总统埃里奇别伊不成熟的外交政策，阿塞拜疆与所有邻国的关系都有所恶化，包括俄罗斯，那时候俄罗斯领导人就不公开地完全支持亚美尼亚。[①] 到1994年，亚美尼亚武装部队已经强占了阿塞拜疆20%的领土。[②] 也就是这初期的优势，为亚美尼亚之后的道路奠定了基础。

1991年12月，亚美尼亚同俄罗斯签订了《友好合作与相互安全条约》，为两国关系发展奠定了基础。严峻的周边形势使亚美尼亚很注重在独联体内寻求支持，尤其是注重拉近与俄罗斯的关系。1992年8月亚美尼亚和俄罗斯签订了《关于俄罗斯在亚美尼亚共和国境内所驻军队法律地位的条约》，为俄罗斯在亚美尼亚长期驻军提供了法律基础。1995年3月16日，俄罗斯总统叶利钦和亚美尼亚总统捷尔－彼得罗相在莫斯科签署关于俄在亚美尼亚军事基地法律地位的条约，同意俄军再驻扎25年。[③] 条约规定，俄罗斯驻军要保障亚美尼亚的安全，包括承担亚美尼亚与土耳其和伊朗边界的防务。1997年8月两国签订了《俄罗斯联邦与亚美尼亚共和国友好合作互助条约》，其中特别强调了两国军事战略的一致性。1998年7月，亚俄两国签订了《关于联合战斗执勤中防空防御物资安全

[①] H. C. Ниязов, Основные векторы политики военной безопасности Азербайджанской Республики в 1994 – 2010 годы, СПб. СПбГУ, 2010, с. 12.

[②] H. C. Ниязов, Основные векторы политики военной безопасности Азербайджанской Республики в 1994 – 2010 годы, СПб. СПбГУ, 2010, с. 11.

[③] 孙壮志：《谈俄罗斯与外高加索三国的关系》，《东欧中亚研究》1997年第6期，第71～77页。

的协定》，其用意在于提升亚美尼亚的防空能力，将其纳入独联体联合防空体系。2000年8月，两国签订了《关于共同规划使用联合部队保障共同安全协定》，为在亚美尼亚境内建立俄罗斯与亚美尼亚联合军事部队提供了法律基础。2000年9月，两国领导人在莫斯科签订了《面向21世纪的俄罗斯联邦与亚美尼亚共和国联盟关系宣言》，确定了两国的联盟关系，对此，普京在记者招待会上说，"这一宣言把俄罗斯和亚美尼亚两国关系的现状固定下来"。[①] 2001年10月，两国签订了《关于加强军事与军事技术全面合作的条约》。

从亚美尼亚与俄罗斯安全关系进程来看，其发展节奏要早于集体安全条约组织，其合作程度要高于集体安全条约组织现阶段的发展程度。尤其是亚美尼亚与俄罗斯两国关系已经确定在联盟关系的基础之上，亚美尼亚参与集体安全条约组织的发展进程就显得很容易。作为由俄罗斯来主导的集体安全条约组织，在很大程度上成为落实和践行亚俄两国双边既定合作项目的多边平台。从这个角度说，当前条件下，亚美尼亚与集体安全条约组织之间不存在发展上的障碍。虽然亚美尼亚在发展与西方的关系上也取得了一些成果，但这种关系的发展在可见的时间段内还比较有限，无法同亚俄关系相提并论。所以在这样的基础上，亚美尼亚同集安组织的关系呈现比较平稳和积极的发展态势。

二 白俄罗斯

白俄罗斯地处东欧平原，地势低平、多湿地，1991年8月25日宣布独立，领土面积20.76万平方公里，与俄罗斯、拉脱维亚、波兰、立陶宛以及乌克兰接壤。白俄罗斯自身经济基础较好，在苏联时期是重要的工农业基地。苏联解体之后，白俄罗斯继承了大量工业和军事遗产，主动放弃保有核武器。独立之初，白俄罗斯奉行独立自主的对外方针，实行以国家安全和经济利益为中心的全方位外交政策，曾寻求与西方接近，但未收到

---

① 《俄与亚美尼亚签署联盟关系宣言》，2009年9月26日，http://www.china.com.cn/chinese/2000/Sep/6297.htm。

集体安全条约组织

理想的效果。1994年卢卡申科执政之后调整了白俄罗斯的外交政策方向，强调俄罗斯是白俄罗斯外交的最优先方向，主张与俄罗斯结盟。随着俄罗斯的战略调整，两国关系开始进入发展快车道。

1996年4月，俄罗斯和白俄罗斯签订了《成立主权国家共同体条约》，双方在保留各自主权、独立和领土完整的条件下，开展政治、经济、军事、文化等方面的全方位联合。1997年4月两国签订了《俄白联盟条约》，两国建立联盟关系，提出在保持各自宪法、主权、国家独立和领土完整的基础上，在政治、经济、社会、军事、科学、文化等领域建立全面合作关系。1997年5月，两国总统又签署了《俄白联盟章程》。1998年12月，两国总统签订了《关于俄罗斯和白俄罗斯建立联盟国家的宣言》。1999年12月，白俄罗斯和俄罗斯首脑签订了《建立联盟国家条约》，该条约成了俄白一体化的法律基础。① 进入21世纪，普京执政后依然保持着加强俄白联盟国家建设的方针，指出"为同白俄罗斯建立联盟国家，我们将继续做深入细致的工作"。②

1993年12月，白俄罗斯加入了1992年5月15日签订的《集体安全条约》。集体安全条约组织成立后，成为该组织的正式成员国。

白俄罗斯与集体安全条约组织之间的关系表现比较平稳，这和白俄罗斯与俄罗斯之间的联盟关系有很大关联。白俄罗斯作为俄罗斯的盟国，积极地参加俄罗斯主导的区域机制是两国关系建设的重要部分，所以，白俄罗斯与集体安全条约组织之间的关系更多的是体现在政治层面，而不是具体的安全问题层面。集体安全条约组织对于白俄罗斯的实际安全意义并不像亚美尼亚及中亚三国那样直接。而集体安全条约组织与白俄罗斯的这种关系，有时候便可能会成为白俄罗斯表达对俄罗斯情绪的工具。2009年集体安全条约组织成员国首脑峰会在莫斯科举行，七个成员国——亚美尼亚、白俄罗斯、哈萨克斯坦、吉尔吉斯斯坦、塔吉

---

① Сайт МИД РБ, Россия и Союзное государство, http://www.mfa.gov.by/bilateral/russia/, 2013-01-15.

② 普京：《向俄罗斯联邦议会提交的2001年国情咨文》，《普京文集》，中国社会科学出版社，2002，第271~293页。

克斯坦、俄罗斯、乌兹别克斯坦的国家首脑中只有白俄罗斯总统卢卡申科未到会。当时俄罗斯和白俄罗斯之间存在经济问题,卢卡申科对俄罗斯有不满情绪。

白俄罗斯对军事性质比较强的集体安全条约组织的兴趣并不太大。一是因为白俄罗斯面临的军事安全威胁既不紧迫,也不明显;二是因为无论是集体安全条约组织机制内,还是该组织机制外,白俄罗斯与俄罗斯之间的军事合作已经达到了相当高的水平。近年来,集体安全条约组织自身机制和功能建设的不断发展,尤其是在应对"颜色革命"、国际恐怖主义、毒品走私、非法移民、跨国有组织犯罪、信息安全和网络安全等现代安全威胁方面职能的加强,使白俄罗斯看到了集体安全条约组织新的价值和意义。作为集体安全条约组织的成员国,白俄罗斯参与该组织打击恐怖主义、贩毒和其他安全威胁的活动。[①]

白俄罗斯在集体安全条约组织框架内的合作中,重点关注以下几个方面。第一,提高集体安全条约组织成员国在信息安全领域的安全,形成对集体安全条约组织成员国有利的协调一致的信息政策以及保障信息安全对白俄罗斯具有积极意义;第二,白俄罗斯在 2011 年作为集体安全条约组织轮值主席国时发出倡议,加深应对紧急状态领域的合作,就维和问题扩大与联合国的合作;第三,在外交政策领域扩大同集体安全条约组织伙伴的合作,2012 年,就国际热点问题发表了一系列联合声明;第四,深化与其他国际组织和区域组织的合作,与它们建立合作伙伴关系。白俄罗斯在 2012 年 4 月集体安全条约组织外交部长理事会上发起倡议,讨论开展集体安全条约组织和欧洲安全与合作组织之间的合作。[②]

在与集体安全条约组织的互动中,白俄罗斯关注的重点在于加强集体安全条约组织成员国在信息安全领域的安全合作,加强与其他国际组织在相关领域的合作。白俄罗斯对北约根据联合国安理会第 1386 号决议在阿

[①] Сайт МИД РБ, Борьба с международным терроризмом, http://www.mfa.gov.by/mulateral/global_issues/terror/, 2013 - 1 - 1.

[②] Сайт МИД РБ, Организация Договора о коллективной безопасности, http://www.mfa.gov.by/mulateral/organization/list/f0ffd42a15a9affb.html, 2013 - 1 - 1.

集体安全条约组织

富汗的反恐行动做出了具体的贡献。根据该决议,白俄罗斯与北约达成一致,可以通过白俄罗斯境内的铁路运送北约及其成员国和其他国家向阿富汗国际安全援助部队提供的大量非军事物资。2011年,实现了通过白俄罗斯领土为阿富汗国际安全援助部队所需非军事物资的长期运送供应。白俄罗斯还向北约开放领空供其运输军事和民用物资。①

白俄罗斯对集体安全条约组织的非传统安全功能较为感兴趣,而对集体安全条约组织的传统安全功能并不十分在意。尽管卢卡申科一再表明坚持集体防御和安全的主张,却不想因组织的一体化而有损于本国的主权。如果组织活动对本国主权不利,那么为了维护本国的利益,白俄罗斯会在集体安全条约组织的事务上打些折扣。另外,白俄罗斯对集体安全条约组织同其他国际组织的交往和合作兴趣浓厚,在倡导同其他组织发展关系方面表现积极。这也表明白俄罗斯对集体安全条约组织并没有太高的单向依赖度,而是尽可能扩展本国在众多国际组织中的活动空间,希望集体安全条约组织成为白俄罗斯在国际舞台上展示自己的平台。

---

① Сайт МИД РБ, Борьба с международным терроризмом, http://www.mfa.gov.by/mulateral/global_ issues/terror/, 2013 - 1 - 1.

第四章
集体安全条约组织的前成员国

在集体安全条约组织的整个发展过程中，成员数量规模并不稳定。1992年《集体安全条约》签订时有亚美尼亚、俄罗斯、哈萨克斯坦、吉尔吉斯斯坦、塔吉克斯坦和乌兹别克斯坦6国；1993年底阿塞拜疆、格鲁吉亚和白俄罗斯加入，成员最多时一度达到9个国家；1999年阿塞拜疆、格鲁吉亚和乌兹别克斯坦的退出导致大减员；2006年乌兹别克斯坦重新加入集体安全条约组织，成员国达到了7个；2012年6月，乌兹别克斯坦再次宣布退出集体安全条约组织，致使成员国数量又变成了6个。

格鲁吉亚和阿塞拜疆同为南高加索国家，两国都不是第一时间加入《集体安全条约》，也未能坚持到《集体安全条约》的第二个有效期。它们在犹豫地参与和很快地退出的过程中，没有体会到集体安全条约组织发展带来的安全利益。两国加入《集体安全条约》的时候，集体安全条约组织还处于初级阶段，组织的各种机制和功能还不健全。当时俄罗斯对该机制的投入和影响力远不如现在。但在当时的两国看来，与集体安全条约组织的关系几乎是与俄罗斯的关系绑定的，与俄罗斯的关系和对俄罗斯的态度直接决定着与集体安全条约组织的关系和对集体安全条约组织的态度。而这种绑定却是单向绑定，加入集体安全条约组织肯定要以与俄罗斯接近为基础，与俄罗斯接近却并不一定加入集体安全条约组织。

第一节　乌兹别克斯坦

乌兹别克斯坦是集体安全条约组织的前成员国，与集体安全条约组织

集体安全条约组织

的关系是最复杂的。在集体安全条约组织发展的两个阶段,乌兹别克斯坦都曾是其成员国,而且还是《集体安全条约》首批缔约国之一,算是集体安全条约组织的创始国之一。但在集体安全条约组织并不算长的发展历程中,乌兹别克斯坦"两进两出"的行为表现称得上独一无二。事情看上去比较复杂,其实有逻辑和规律可循。可以从内外两个方面加以考察和分析。一是乌兹别克斯坦自身状况的特殊性为其特殊的行为表现奠定了内部基础;二是外部因素,包括前面所讲的,俄罗斯在这里同样起了不可替代的作用,尽管表现不尽相同。

一 "创始国"的退出

乌兹别克斯坦于1991年8月31日宣布独立,1991年12月29日,卡里莫夫当选为乌兹别克斯坦总统。1992年5月12日,乌兹别克斯坦作为创始国之一加入《集体安全条约》。1992年5月30日,俄乌签订关于国家间关系友好合作条约,条约中没有谈关于"共同安全空间"的想法,也没有相互提供军事援助的条款。这表明,俄罗斯不打算参与乌兹别克斯坦可能出现的冲突。[①] 独立之初,乌兹别克斯坦局势并不稳定,反政府武装威胁该国的安全与稳定。由于境外势力的支持及乌兹别克斯坦自身防御能力虚弱,以"复兴伊斯兰"为口号的反政府势力及伊斯兰革命武装分子与政府进行了长时间的斗争,之后又占据了费尔干纳谷底的一些据点固守不退,持续为患。

为应对安全威胁,乌兹别克斯坦与俄罗斯进行了必要的军事安全合作。20世纪90年代上半期,像其他独联体国家一样,乌兹别克斯坦的外部边界由俄罗斯边防军继续驻守。1998年10月俄罗斯与乌兹别克斯坦签订了《俄乌永久友好条约》和《俄乌塔三国全力合作打击宗教极端主义宣言》。而两国在《集体安全条约》框架下的实际合作并不多,在军事安全方面也是如此。这一方面是由于乌兹别克斯坦一直寻求独立自主。到1999年,乌兹别

[①] А. Д. Богатуров, А. С. Дундич, В. Г. Коргун, и др. отв. Ред. А. Д. Богатуров, Международные отношения в Центральной Азии: События и документы. Учеб. Пособие для студентов вузов. М. : Аспект пресс, 2011, с. 237.

克斯坦不再像哈萨克斯坦和吉尔吉斯斯坦一样，继续让俄罗斯边防军参与自己的边界防务，而是开始独立保护自己的边界。另一方面则是当时的《集体安全条约》机制发展缓慢，没有形成太多的实际行动能力。

乌兹别克斯坦一直对独立和主权问题非常敏感，所以对俄罗斯所提出的各种推进一体化、建立联合体系的想法和建议都持警惕态度。为了减轻对俄罗斯的依赖，乌兹别克斯坦注重寻求外交的多元化，对同西方拉近关系表现积极。基于同西方关系的拉近，以及对《集体安全条约》价值的不认可，1999年4月《集体安全条约》第一期期满，乌兹别克斯坦没有续签，而是退出了《集体安全条约》。

乌兹别克斯坦退出《集体安全条约》的举动，表现出乌兹别克斯坦疏远俄罗斯的态度，但并没有导致其与俄罗斯关系的恶化。这其中"三股势力"的活动为双方展开合作提供了机会。1999～2000年，中亚的宗教极端主义活动加剧，乌兹别克斯坦感觉到在维护安全问题上的力不从心。尤其是1999年8月巴特肯事件后，乌兹别克斯坦重新意识到与俄罗斯进行合作的必要，寻求恢复同俄罗斯的军事技术合作，并得到积极回应。1999年9月，俄罗斯国防部长谢尔盖耶夫访问塔什干时，表示俄罗斯愿为乌兹别克斯坦提供军事政治援助，以打击宗教极端主义势力。12月，时任总理普京访问乌兹别克斯坦，双方签订了《俄乌深化军事和军事技术合作条约》。2000年5月普京任总统后，首访国家选择乌兹别克斯坦。其间，卡里莫夫承认，乌兹别克斯坦靠自己的力量无法应对强大的极端主义和恐怖主义的威胁，在这方面需要寻求俄罗斯的保护，俄罗斯总统普京则表示向乌兹别克斯坦提供安全保护，双方签订了一系列双边国防和安全合作文件，两国关系升温。2001年5月，卡里莫夫访问莫斯科期间表示，乌兹别克斯坦坚定地支持俄罗斯在维护中亚地区安全中所发挥的作用，同意与俄罗斯在打击"三股势力"问题上加强合作。2004年4月，卡里莫夫对俄罗斯进行正式访问，与普京共同商讨了加强两国经济和安全合作事宜。2004年6月，普京访问乌兹别克斯坦，与卡里莫夫签订了《俄乌战略伙伴关系条约》，根据该条约内容，俄罗斯获得了在必要情况下可以使用乌兹别克斯坦境内军事设施的权利。

集体安全条约组织

二 重回组织

2005年5月,乌兹别克斯坦东部地方行政中心安集延发生骚乱事件,卡里莫夫政府采取强硬措施平息了骚乱。该事件给安集延造成了严重混乱,据官方统计,混乱中造成近200人死亡,而非官方消息则指出死亡人数要多得多,其中包括妇女和儿童。当时西方对乌兹别克斯坦政府的行动提出批评,指责其过度使用暴力,欧盟和美国甚至对乌兹别克斯坦实施了制裁。而俄罗斯认可乌兹别克斯坦就安集延事件"打击恐怖分子"的说法,并对卡里莫夫政府的立场表示理解和支持。乌兹别克斯坦与西方经营多年的关系跌入了低谷,而相应的乌兹别克斯坦与俄罗斯的关系则迅速拉近。2005年11月普京与到访的卡里莫夫在莫斯科签订了两国联盟关系条约,条约规定:如果两国中的一方遭到第三国侵略,另一方必须为其提供必要的帮助,包括军事援助;当和平局势受到威胁或是俄乌两国中的一方受到侵略威胁时,双方必须立即启动相关磋商机制,联合采取有效措施解决危机;俄乌两国有权使用对方的军事基地和军用设施;双方将在更新武装力量装备和军队改革等方面加强合作。此外,双方还将在打击国际恐怖主义和极端主义等方面协调行动,共同维护国际局势的安全与稳定。① 可以看出,条款中的内容与《集体安全条约》内容有相同之处。乌兹别克斯坦同俄罗斯联盟关系的确立,实际上为乌兹别克斯坦重回俄罗斯主导的集体安全条约组织打下了基础。

2006年6月,乌兹别克斯坦表示重新恢复集体安全条约组织的正式成员国地位。

三 再次退出

重新加入集体安全条约组织之后,乌兹别克斯坦在集体安全条约组织框架内并没有发挥应有的积极性,组织框架下的有关工作做的也

---

① 《俄罗斯和乌兹别克斯坦签署两国联盟关系条约》,2005年11月15日,http://international.dbw.cn/system/2005/11/15/050183941.shtml。

第四章　集体安全条约组织的前成员国

不到位，比如不参加联合军事演习，拒绝参与组建集体快速部署部队。而对于乌兹别克斯坦这种消极对待集体安全条约组织机制内工作的态度，各成员国也都有所不满。俄罗斯军事力量总指挥尼古拉依·马卡洛夫指出："乌兹别克斯坦要么根本就不参加集体安全条约组织成员国元首和国防部长会晤，要么是参加了却不签署任何文件。"① 甚至在不同层面上时不时有人提出将乌兹别克斯坦清除出集体安全条约组织的建议。但无论在俄罗斯还是在集体安全条约组织领导机构，这样的提议都没有得到官方的支持。组织秘书长尼古拉依·博尔久扎甚至出面维护塔什干，称乌兹别克斯坦的代表虽没有参加集体安全条约组织集体安全武装力量，却参加了其他方面的工作（其中有反毒品斗争）。"而在军事领域它是这样的立场。我们尊重一个主权国家这样的立场，"博尔久扎指出，"很大程度上，这并不阻碍其他国家加快军事合作互动的步伐。"

乌兹别克斯坦虽然表现不积极，但并不是一早就打算退出集体安全条约组织。但 2012 年 6 月 29 日，乌兹别克斯坦发表声明称，塔什干的官方向集体安全条约组织秘书处发了照会，照会内容是关于乌兹别克斯坦政府决定停止自己在集体安全条约组织中参与活动。乌兹别克斯坦外交部就停止参与集体安全条约组织活动的决定发表了声明，称："集体安全条约组织针对阿富汗的战略计划令乌兹别克斯坦不满，乌兹别克斯坦倾向于与阿富汗进行双边合作，集体安全条约组织国家军事合作关系中的计划也令乌兹别克斯坦不满。还有一系列的原因，照会中都有表述。"② 但俄罗斯外交部指出乌兹别克斯坦的证据不具说服力，参与集体安全条约组织无论如何不会妨碍与邻国的双边关系。

关于乌兹别克斯坦退出集体安全条约组织的原因有不同的说法。归结起来主要是两个方面。一方面是乌兹别克斯坦在很多问题上坚持自己的独

---

① Михаил Тищенко, Беспокойный союзник: Узбекистан уходит из ОДКБ, http://www.lenta.ru/articles/2012/06/29/again/, 2012 - 6 - 29.
② Узбекистан вышел из ОДКБ, http://www.rg.ru/2012/06/29/uzbekistan - site.html, 2012 - 6 - 29.

集体安全条约组织

特立场,比如,乌兹别克斯坦一贯反对在集体基础上促进协调阿富汗局势,而是倾向于在双边的基础上对其展开工作。从 2006 年恢复成员国身份起,乌兹别克斯坦就逃避参与集体安全条约组织机制中的军事合作。集体安全力量和区域集团的军事和其他分支机构,包括集体快速反应力量,乌兹别克斯坦都未参与。乌兹别克斯坦的代表也不参加军事演习、人员培训和其他军事部门的业务培训活动。联合参谋部是他们唯一有常驻代表工作的机构。在 2010 年集体安全条约组织组建危机协调体系的时候,乌兹别克斯坦也采取了特殊立场。当集体安全条约组织成员国领土完整和国家安全遭受可能的威胁而提出危机协调请求时,乌兹别克斯坦不支持使用集体安全条约组织的力量给这些成员国提供帮助。另一方面是集体安全条约组织机制改革问题,比如,针对乌兹别克斯坦在很多问题上的特殊立场干扰了集体安全条约组织的行动效率的情况,2011 年俄罗斯现代发展研究所提出建议,进行集体安全条约组织机制改革,如改变组织表决机制的计划——放弃一致原则,取而代之的是由多数票来决定。集体安全条约组织领导机构之后指出,在一系列因素作用下有放弃协商一致原则的计划。表决机制变化的可能造成除了乌兹别克斯坦之外的所有联盟成员国达成一致。这种情况对乌兹别克斯坦构成了威胁,而在表决机制改革之后,如果集体安全条约组织的资源潜力(包括军事的)可能被用于与乌兹别克斯坦利益相悖的事务,乌兹别克斯坦就将丧失阻止相关决定的权利。

而这两方面实际就是乌兹别克斯坦与集体安全条约组织机制之间存在不协调,却又都不想妥协。而现实中也确实存在很多因素符合上面的逻辑,可能引起乌兹别克斯坦的担心。2011 年 12 月签订的相关文件中规定,联盟成员国若有意愿在自己国家部署外国的军事基地(属于非集体安全条约组织成员国的军事基地),必须得到联盟所有成员国的官方认可。集体安全条约组织的这一新规定将不适用于已经存在的军事设施,却将阻止乌兹别克斯坦重新部署美国的军事基地。乌兹别克斯坦领土上有德国的空军基地,该基地用于保障国际援助部队在阿富汗的行动。在乌兹别克斯坦的南部曾经有美国部署的军事基地,但 2005 年在乌兹别克斯坦和

第四章 集体安全条约组织的前成员国

美国因安集延事件发生矛盾后被关闭。而在美国宣布于2014年从阿富汗撤军的情况下，美国军力准备重返乌兹别克斯坦被认为具有可能性。2012年初，美国国务院甚至取消了对乌兹别克斯坦的军援限制。这些信息就更增强了人们的猜测，即乌兹别克斯坦退出集体安全条约组织，是为与美国拉近关系做准备，甚至更具体地说，就是为了给美国再次在乌兹别克斯坦驻军做准备。

关于乌兹别克斯坦再次退出集体安全条约组织的行为的说法和猜测不止这些。好像是为了对乌兹别克斯坦退出集体安全条约组织做一个解释和说明，2012年8月，在卡里莫夫总统的领导下制定出台的《乌兹别克斯坦共和国外交政策纲要》中提出：鉴于世界和地区局势，根据乌兹别克斯坦共和国的原则立场，纲要中就国际和区域发展的热点问题制定了以下主要条款。①乌兹别克斯坦共和国根据国家和民族繁荣与安全的最高利益、国家现代化的优先方向及适用的国家法律和承担的国际义务，保留缔结联盟、加入合作团体和其他国家间机构以及从中退出的权利；②乌兹别克斯坦奉行和平政策，不参加军事政治集团，如果任何国家间机构有向军事政治联盟转变的情况，乌兹别克斯坦保留从中退出的权利；③乌兹别克斯坦共和国会采取政治、经济和其他措施，以防止卷入周边国家的武装冲突和紧张局势，同时不会允许在本国领土上部署外国军事基地和设施；④根据宪法、国防法、军事学说，乌兹别克斯坦武装力量的组建是为了捍卫国家主权和领土完整，保卫本国人民的和平生活与安全，并不参加国外的维和行动。①

事实上，乌兹别克斯坦不仅在集体安全条约组织中是如此的行为方式。在上海合作组织在塔吉克斯坦举行的军事演习中，作为上合组织成员国的乌兹别克斯坦也没有参加这些演习。不仅如此，乌兹别克斯坦还拒绝哈萨克斯坦参加演习的军事装备从其领土通过（哈萨克斯坦不得不采用替代路线——过境吉尔吉斯斯坦）。在重返集体安全条约组织之后，

---

① Узбекистан не будет участвовать в военно-политических блоках, http://www.gazeta.uz/2012/08/04/concept/，2012-8-11.

集体安全条约组织

乌兹别克斯坦停止了自己欧亚经济共同体的成员身份。塔什干当时声称，乌兹别克斯坦参加的组织间功能有重复。另外，在"古阿姆"中它也没能待得住。似乎可以讲，乌兹别克斯坦对多边机制有着天生的不信任感。

普京的新闻秘书指出，乌兹别克斯坦停止参与集体安全条约组织的情况已经不是第一次出现，这不是向俄罗斯施压，集体安全条约组织将继续发挥作用，这不会影响莫斯科和塔什干之间的关系。① 可以说，这个表态是乌兹别克斯坦退出集体安全条约组织所想要的结果，也是乌兹别克斯坦之所以敢退出集体安全条约组织的原因。首先，因为乌兹别克斯坦与俄罗斯之间的关系已经达到了一定的高度，两国已经于2005年建立了联盟关系，在两国双边机制下，乌兹别克斯坦的安全需要基本可以得到满足。其次，集体安全条约组织由俄罗斯来主导，但并不代表俄罗斯本身，退出集体安全条约组织不代表要与俄罗斯脱离关系。乌兹别克斯坦的退出导致了集体安全条约组织成员数量的损失，却也为该组织运作机制的巩固和发展提供了有利条件。乌兹别克斯坦的退出并没有威胁到集体安全条约组织生存和发展的根本。

第二节　阿塞拜疆

独立之初，阿塞拜疆试图用武力解决与亚美尼亚的领土争端，两国围绕纳戈尔诺-卡拉巴赫地区的归属问题进行了长期的较量，但仍未解决问题。亚美尼亚仍占领着纳卡地区，阿塞拜疆视之为侵略行为，两国敌对关系并未化解。阿塞拜疆逐渐明白，要解决纳卡问题，俄罗斯是一个无法绕开的因素。由于俄罗斯与亚美尼亚关系密切，并在纳卡问题上偏向支持亚美尼亚，所以尽管阿塞拜疆实力强于亚美尼亚，却也无力"收复失地"。

---

① ОДКБ: Узбекистан нарушает правила, http://izvestia.ru/news/528974#ixzz1zFDkjgpm, 2012-6-29.

第四章 集体安全条约组织的前成员国

一 被动加入条约

独立之初，1992～1993年阿塞拜疆时任总统埃里奇别伊不成熟的外交政策，导致阿塞拜疆处于缺少外援的相对孤立状态。阿塞拜疆在外交方面采取亲近土耳其的政策，主张与土耳其建立特殊的兄弟关系，并拒绝加入独联体，对俄罗斯、伊朗持敌对态度。[①] 而这一阶段，阿塞拜疆维护国家安全的战略举动并不成功，不仅未能"收复失地"，而且在国际舞台上陷入"孤立无援"的不利地位。在围绕纳卡问题的军事斗争中，造成阿塞拜疆在战争的第一阶段被击败的一系列原因，有一项就是巴库缺少实在的军事和政治盟友。虽然与土耳其走得比较近，但1993～1994年的土耳其正致力于加入北约，不能在亚阿冲突中公开向阿塞拜疆提供军事支持。[②] 因为当时以美国为首的西方在纳卡问题上更同情亚美尼亚，美国在1992年通过了限制援助阿塞拜疆的"907修正案"。土耳其只能以关闭土亚边境的方式表示在纳卡问题上对阿塞拜疆的支持。

时任阿塞拜疆民族阵线领导人的内外政策在1993年夏季将国家带到了死胡同。在全国对埃里奇别伊政策的不满中，政权交到了盖达尔·阿利耶夫手中。他做的第一件事是努力重建了与伊朗、格鲁吉亚、土库曼斯坦以及俄罗斯的睦邻关系。在认识到离开俄罗斯的军事帮助亚美尼亚无力支撑持久战的情况下，盖达尔·阿利耶夫针对俄罗斯采取行动，以削弱俄罗斯对亚美尼亚的直接军事支持。到1993年底，阿塞拜疆承认了一个既定的事实，即俄罗斯在这一地区的影响力远远大于其他国际关系行为体，改善与俄罗斯的关系才有可能在纳卡问题上减轻自己的压力。为此阿塞拜疆采取了一系列措施，包括加强在俄罗斯军事安全体系中的军事政治比重，1993年9月24日阿塞拜疆加入了由俄罗斯组建的军事俱乐部——《集体

[①] 孙壮志编著《阿塞拜疆》，社会科学文献出版社，2005，第61页。
[②] Н. С. Ниязов, Основные векторы политики военной безопасности Азербайджанской Республики в 1994–2010 годы, СПб.：СПбГУ, 2010, с. 12.

安全条约》。①

阿利耶夫最初并没有放弃武力解决纳卡问题的想法。1993年底，阿塞拜疆武装部队在卡拉巴赫前线进行了反攻，但没有取得胜利。阿塞拜疆武装力量的军事行动不仅被亚美尼亚化解，而且换来了亚美尼亚于1994年春季的进攻，亚美尼亚甚至占领了纳卡地区之外的阿塞拜疆领土。虽然在俄罗斯的斡旋下，阿塞拜疆和亚美尼亚于1994年5月5日在比什凯克签订了亚阿前线停火协议，但亚美尼亚进攻的事实在巴库被理解为莫斯科不愿意劝阻埃里温的侵略计划。②巴库借莫斯科的帮助解决纳卡问题的愿望没有实现。

二　无奈另寻出路

在尝试失败的情况下，阿利耶夫转而寄希望于寻求新途径来解决问题。阿塞拜疆希望通过经济和外交压力迫使亚美尼亚在领土问题上做出让步。亚美尼亚本身实力就弱，外加十分不利的地理位置，它四面分别被阿塞拜疆、伊朗、土耳其和格鲁吉亚包围，而且其中土阿关系又比较密切，都为阿塞拜疆对亚美尼亚实施经济封锁提供了条件。土耳其很配合阿塞拜疆的封锁行动，亚美尼亚不仅失去了两个邻国市场，而且陷入了半包围状态。在外交上，阿塞拜疆并不是把所有希望都寄托在俄罗斯身上，毕竟无法指望俄罗斯能放弃亚美尼亚转而支持阿塞拜疆。阿塞拜疆一边继续与俄罗斯在军事政治领域合作，一边开始寻找新的军事政治盟友。正是在这一政策框架内，阿塞拜疆着手与有意理解和接受巴库关切的独联体国家构建双边关系。这些国家包括乌克兰、哈萨克斯坦和白俄罗斯。在与俄罗斯和独联体等国家发展关系的同时，阿塞拜疆还积极发展同西方国家的关系，开始奉行全面与西方接近的政策：欢迎西方大国参与地区资源开发和解决运输等经济问题；与西方国家加强军事政治合作；呼吁西方国家介入南高

---

① Н. С. Ниязов, Основные векторы политики военной безопасности Азербайджанской Республики в 1994 – 2010 годы, СПб.：СПбГУ，2010，с. 12.

② Н. С. Ниязов, Основные векторы политики военной безопасности Азербайджанской Республики в 1994 – 2010 годы, СПб.：СПбГУ，2010，с. 13.

加索事务，与俄罗斯"共同"发挥作用。① 1994年5月4日，签订《阿塞拜疆加入北约和平伙伴关系计划》。

阿塞拜疆坚持与世界所有国家发展双边关系，包括在军事领域。1994年与俄罗斯开始了"关于加巴拉雷达站的租赁条件……长期而复杂的谈判进程"。卡拉巴赫问题的无法解决无疑使谈判陷入僵持。巴库官方虽然没有直接将这两个问题联系起来，但还是希望在解决阿塞拜疆领土问题上获得俄罗斯一定的政治支持。但从1994年春夏开始，莫斯科的注意力不再集中在南高加索，而是北高加索，因为那里以杜达耶夫为首的分裂分子试图从俄罗斯联邦中分离出去。与俄罗斯不同，西方随即对与阿塞拜疆拉近关系感兴趣，尤其是在出现外国企业可以在阿塞拜疆参与开发石油资源的可能之后。1994年6月在土耳其举行的北大西洋合作理事会会议上明确，阿塞拜疆军事安全政策的未来不仅牵动着巴库自己，还牵动着一系列相关国家，首先就是土耳其。那时土耳其非常想增强自己在高加索和中亚的地缘政治影响。这一政策的实现将会大大提升土耳其在北约及其他国际组织（如伊斯兰会议组织）中的威望。其实，土耳其有一定的条件来实现自己的愿望。因为，对于以穆斯林为主的阿塞拜疆、乌兹别克斯坦、土库曼斯坦，一定程度上还包括吉尔吉斯斯坦，当时的土耳其是民族国家建设的典范。而为阿塞拜疆应对亚美尼亚提供支撑可以进一步增强土耳其的影响力，但它没能做到这一点。而按土耳其的理解，俄罗斯试图加强在南高加索和中亚的影响，这对土耳其构成了竞争。

从自身来讲，阿塞拜疆并不希望成为俄罗斯与土耳其、俄罗斯与西方之间你争我夺的对象。从1994年夏季开始，阿塞拜疆不仅尽力争取从联合国、欧安组织、北约和集体安全条约组织获得支持，还从伊斯兰会议组织寻求支持。

阿塞拜疆于1992年成为伊斯兰会议组织成员，但初期阿塞拜疆在国际舞台上没有得到该组织实在的支持。1994年7月，阿利耶夫访问沙特阿拉伯之后局势发生了变化。正是那时进行的谈判和会晤，奠定了阿塞拜

---

① 孙壮志编著《阿塞拜疆》，社会科学文献出版社，2005，第233页。

集体安全条约组织

疆与伊斯兰会议组织进一步发展合作的基础。11月,伊斯兰会议组织秘书长访问了巴库。同年12月,以阿利耶夫为首的阿塞拜疆代表团参加了在卡萨布兰卡举行的第三次伊斯兰会议组织成员国政府首脑会议。正是在这次会议上,52个伊斯兰会议组织成员国发表了关于亚美尼亚—阿塞拜疆冲突的声明,谴责"亚美尼亚的侵略和占领政策","要求亚美尼亚无条件放弃侵占阿塞拜疆的领土"。当然,这一声明没能使亚美尼亚放弃占领的领土,但组织成员国在纳卡问题上的明确立场使巴库加快了与伊斯兰国家包括在军事领域合作的步伐。1996年在雅加达第24次伊斯兰会议组织成员国外长会议上,伊斯兰会议组织加大了对阿塞拜疆面临问题的关注。在这次会议上,通过了在政治规划中非常重要的"关于亚美尼亚侵略阿塞拜疆"的决议,该决议使阿塞拜疆可以使用"伊斯兰会议组织的媒体资源来向伊斯兰国家传递南高加索局势的实况",之后阿塞拜疆扩大了同该组织的合作。

与其他国家和组织的合作不断加深的情况不同,阿塞拜疆对《集体安全条约》的热情并未持续多久。原因在于阿塞拜疆在阿亚关系中的被动处境和状态,在《集体安全条约》框架下一直没有取得任何实质性的改变。1992~1996年,由俄罗斯杜马国防委员会代表列夫·拉赫林领导的专门议事会开始对非法向亚美尼亚提供俄罗斯武器实施调查。这重新给了阿塞拜疆希望,以为俄罗斯在卡拉巴赫冲突问题上将不再"一边倒"。但1998年7月拉赫林去世后,委员会事实上停止了调查活动,阿塞拜疆"恢复公平"的希望彻底破灭。随后,阿塞拜疆参加《集体安全条约》的兴趣开始下降。[①] 在1999年《集体安全条约》到期之际,阿塞拜疆没有续签,就此退出。退出《集体安全条约》,是去掉了一套约束,便于更自如地发展与其他国家和国际组织的关系。如果在《集体安全条约》体系之内,阿塞拜疆就无法在与西方的军事合作中自如地做出决定。

[①] Н. С. Ниязов, Основные векторы политики военной безопасности Азербайджанской Республики в 1994–2010 годы, СПб. : СПбГУ, 2010, с. 35.

三　双边合作化解多边压力

阿塞拜疆退出了《集体安全条约》之后，形成了这样一个事实，阿塞拜疆失去了受《集体安全条约》保护的权利，而它的对手亚美尼亚却仍然享有。随着集体安全条约组织的不断发展，一个很残酷的现实摆在阿塞拜疆面前——在推进与西方国家关系发展时，有可能成为俄罗斯的敌人。因为《集体安全条约》明确规定，如果某一缔约国受到进攻，会被视为对所有缔约国的进攻，并采取应对措施。这也就意味着，万一阿塞拜疆要武力收复领土，所面对的不再是亚美尼亚和俄罗斯非公开的帮助，而是要与集体安全条约组织的所有成员国为敌，当然其中就包括俄罗斯。而事实上，就在阿塞拜疆退出不久，《集体安全条约》机制就在俄罗斯的主导下开始快速发展。这对阿塞拜疆来说无疑是一个巨大的压力。而同西方接近的现实中，阿塞拜疆感觉到西方在纳卡问题上同样无力作为，根本不能满足阿塞拜疆的战略需要。

（一）修复与俄双边关系

阿塞拜疆虽然退出了《集体安全条约》，但并未放弃发展与集体安全条约组织成员国（亚美尼亚除外）的双边关系，尤其是与俄罗斯在军事领域的双边合作。阿塞拜疆向俄罗斯表明，在不加入集体安全条约组织的情况下，阿塞拜疆有意愿与俄罗斯发展双边关系。2002年在军事领域合作的意向将两国关系带入了新阶段。俄罗斯总统叶利钦1993年9月签署的《关于俄罗斯联邦在纳卡冲突中的调停地位》的文件在2002年5月被停止。该文件规定，俄罗斯停止向阿塞拜疆提供军事技术产品。2003年2月，俄罗斯国防部长伊万诺夫访问阿塞拜疆期间，签订了关于军事技术合作的政府间协定。当时俄罗斯国防部长称，"协定允许进行大规模的军事和军事技术合作，并研究签订一些关于供应武器和军事装备及其配件的文件，以及军事人员的培训"。2004年2月，阿利耶夫访问俄罗斯，其间签订了《莫斯科宣言》，其中提到准备加强军事技术合作。当时阿利耶夫和俄罗斯国防部长伊万诺夫讨论了"军事和军事技术合作的当前水平与前景"以及"加强该领域合作"的问题。2006年俄罗斯总统普京访问阿塞

集体安全条约组织

拜疆时,双方在军事领域的合作问题成了讨论议题,阿塞拜疆明确表达了自己对"俄罗斯武器装备从格鲁吉亚向亚美尼亚转移"的关切,这些武器被认为迟早会被用来对付阿塞拜疆。两国防长之间达成的《关于在俄罗斯军事高校培养阿塞拜疆军人的协定》进一步加深了俄罗斯和阿塞拜疆军事领域的合作,其中指出"2006~2007学年阿塞拜疆学生可以在7所俄罗斯知名军事院校的12个专业接受教育"。[1] 阿塞拜疆不仅与俄罗斯展开军事合作,还与亚美尼亚之外的集体安全条约组织各成员国在军事领域加强对话。到2006年,亚美尼亚专家甚至不安地发现了这样的事实,"集体安全条约组织国家武装了亚美尼亚的对手"。阿塞拜疆通过双边关系发展所取得的效果基本达到了与亚美尼亚享有多边机制相抗衡的目的。

(二) 不愿再加入集体安全条约组织

与集体安全条约组织成员国进行的互利双边军事合作,促使一些阿塞拜疆的专家认为,可以恢复自己的集体安全条约组织身份。但这一观点在阿塞拜疆的政治和军事领导层得不到支持。表面上看集体安全条约组织成员身份能给国家带来一定的好处。俄罗斯的专家谨慎地认为,那样阿塞拜疆就可以以优惠价格从俄罗斯获得大量武器装备。但事实是,巴库当前"传统"武器和装备的采购已基本上满足了需求,而现在更吸引它的是具有战术-技术性能的先进武器和装备,而这些武器系统莫斯科还不准备卖给阿塞拜疆,以免破坏区域力量平衡。阿塞拜疆总统府政治研究室主任富阿德·阿洪多夫指出,阿塞拜疆拒绝恢复自己集体安全条约组织身份的原因在于,"集体安全条约组织成员——亚美尼亚——侵占了阿塞拜疆20%的领土","不仅是阿塞拜疆,即使其他任何国家,处于类似的地位,都不可能去想同一个侵占自己领土的国家一起加入一个军事防御组织"。[2]

总体来看,阿塞拜疆外交政策的中心是围绕领土争端问题,采取对自己有利的策略,借助一切可借助的力量,包括与亚美尼亚之外的集体安全

---

[1] Н. С. Ниязов, Основные векторы политики военной безопасности Азербайджанской Республики в 1994–2010 годы, СПб.: СПбГУ, 2010, cc. 44–47.

[2] Н. С. Ниязов, Основные векторы политики военной безопасности Азербайджанской Республики в 1994–2010 годы, СПб.: СПбГУ, 2010, c. 55.

条约组织成员国加强联系。阿塞拜疆退出集体安全条约组织，并没有彻底同这一机制及其成员国断绝关系。它不仅同俄罗斯展开深入的双边军事合作，还同亚美尼亚之外的集体安全条约组织成员国加强关系，俄罗斯是影响阿塞拜疆安全利益的关键因素，为了使俄罗斯对自己安全利益有利，可以通过双边机制来进行；集体安全条约组织由俄罗斯主导，俄罗斯希望增大自己对阿塞拜疆的影响力，也可以通过双边机制来实现。集体安全条约组织与阿塞拜疆之间的关系存在矛盾，一方面阿塞拜疆与其多数成员国保持着良好的双边关系，和组织有密切的联系，对于阿塞拜疆而言，甚至具有不少吸引其重新加入组织的因素；另一方面又有势不两立的对手在前，而组织又有可能成为对手的工具。在这个矛盾的纠结中，阿塞拜疆与集体安全条约组织之间的关系充满变数。

第三节　格鲁吉亚

格鲁吉亚独立之初，民族主义力量代表加姆萨胡尔季阿当政，奉行亲西方而反俄的对外政策。自独立时期就面临严峻的安全问题，阿布哈兹和南奥塞梯的分离主义运动使格鲁吉亚一直处于领土分裂状态。虽然名义上这是国家领土统一问题，但由于历史上的复杂因素，问题一直悬而未决。国家领土完整是国家安全的最根本内容之一，格鲁吉亚一直把实现对阿布哈兹和南奥塞梯的统一作为努力的基本方向。

苏联时期，南奥塞梯就曾争取自主地位。1990年9月南奥塞梯宣布退出格鲁吉亚，成立"隶属于苏联的南奥塞梯苏维埃共和国"。同年12月，格鲁吉亚当局派军队进驻南奥塞梯以稳定局势。之后，南奥塞梯当局依然坚持并入俄罗斯，继续与格鲁吉亚展开对抗。格鲁吉亚中央政府与南奥塞梯地方当局的矛盾恶化，局势紧张程度进一步升级，双方武装不断交火进而导致大规模冲突。① 1992年6月，俄罗斯、格鲁吉亚和南奥塞梯、北奥塞梯达成停火协议，成立维和部队和监督委员会将冲突缓和下来，但

---

① 赵常庆主编《十年巨变——中亚与外高加索卷》，中共党史出版社，2004，第292页。

集体安全条约组织

问题并没有得到解决。

阿布哈兹于1921年根据《联盟条约》并入格鲁吉亚,1931年成为格鲁吉亚的自治共和国。阿布哈兹与南奥塞梯类似,也有并入俄罗斯的意愿。1990年阿布哈兹发布"主权宣言",宣布退出格鲁吉亚。1992年7月阿布哈兹议会决定脱离格鲁吉亚而独立,格鲁吉亚派军队进驻阿布哈兹,随后双方军事行动不断升级。在俄罗斯的斡旋下,双方于1993年7月达成了停火协议,但并未彻底阻止双方的武力冲突,直到1994年局势才趋于平稳。1994年9月俄罗斯总统叶利钦在索契会晤格、阿领导人,希望冲突各方保持克制,寻求共同点,并就长期停火达成协议。① 同样,停火协议只是将问题缓和与搁置,但并没有解决。

一 无效的权宜之计

格鲁吉亚在加入《集体安全条约》之前与阿塞拜疆处境十分相似。武力解决不了问题,而国内局势又相当不稳定。曾担任过苏联外交部长的谢瓦尔德纳泽审时度势,转而调整对外政策,扭转和拉近与俄罗斯的关系,向俄罗斯寻求谅解和帮助。1993年10月9日,格鲁吉亚宣布加入独联体,随即与俄罗斯签订了多项军事合作协议,允许俄罗斯在格鲁吉亚驻军,出租波季海港、班博拉机场和四个军事基地给俄军,而俄罗斯则帮助格鲁吉亚建立军队。1993年12月9日,格鲁吉亚加入《集体安全条约》。1996年4月,俄罗斯和格鲁吉亚又签订了多项更为详细的关于军事合作和军事技术合作的协定。

在与俄罗斯进行军事合作的同时,格鲁吉亚也很注重合作对象的多元化,在本国军事建设过程中接受来自美国、土耳其等国的援助,与乌克兰进行多方面的军事和军事技术合作。随着格鲁吉亚自身建设的发展和外交关系的多元化,其对俄罗斯的依赖开始下降,关系开始疏远。1996年10月,格鲁吉亚决定由自己的边防军来守卫本国的"外部边界",并要求俄

---

① 孙壮志:《谈俄罗斯与南高加索三国的关系》,《东欧中亚研究》1997年第6期,第71~77页。

罗斯边防军从格鲁吉亚撤离。之后，格鲁吉亚对俄态度越来越冷淡，与俄罗斯渐行渐远。1999年，格鲁吉亚拒绝续签《集体安全条约》，退出了这个以俄罗斯为主的机制。

退出《集体安全条约》并非格鲁吉亚与俄罗斯之间拉开距离的结束，甚至可以说是开始。虽然其间出现过短暂的缓和，但总体上双方还是朝着疏远和对立的方向发展。而且，得到西方支持的格鲁吉亚在对俄关系上一直表现得比较强硬。到了2005年，格鲁吉亚否定俄罗斯在格鲁吉亚驻军的合法性，要求俄罗斯于2008年之前从格鲁吉亚撤走全部军队。不得已之下，俄罗斯将在格武装撤到了亚美尼亚境内。

二 失败的武力尝试

2008年8月8日，格鲁吉亚部队攻进了处于俄罗斯军队维和状态下的南奥塞梯首府茨欣瓦利。战斗伊始，格军兵锋直指南奥塞梯首府茨欣瓦利，使用坦克、飞机、装甲车等协同作战，用了不到13小时就攻占了茨欣瓦利，紧跟着又向四周的高地展开进攻。格鲁吉亚军队袭击之初顺利地取得了战果。可以看出，格鲁吉亚的这次军事行动是经过事先策划和部署的。而俄罗斯似乎也并非毫无准备，8日下午，北线格鲁吉亚军队无力继续推进，9日凌晨格鲁吉亚军队被俄军全面压制，继而在俄罗斯强力反扑下节节败退。而俄军坦克则一路长驱直入，冲过卡孜别克山罗克斯基隧道，沿途击溃抵抗的格鲁吉亚军队，截至9日下午，俄军装甲部队已经突入南奥首府茨欣瓦利。而后，俄罗斯出动空军，对格鲁吉亚空军和防空设施及多处目标发动空中打击，完全掌握了制空权。在完全控制地面和空中主动权的同时，俄罗斯还从海上对格鲁吉亚进行了封锁。最终，格鲁吉亚不得不在无力反抗而又孤立无援的情况下接受失败的结果。

2008年8月的"五日战争"成为格鲁吉亚与俄罗斯关系决裂的爆发节点。周旋了数十年悬而未决的问题，以俄罗斯承认阿布哈兹、南奥塞梯"独立"告一段落。格鲁吉亚则退出独联体，表示与俄罗斯断绝关系。事过多年，格鲁吉亚与俄罗斯的对立关系虽有缓和，但其与集体安全条约组织仍鲜有往来。

第五章

集体安全条约组织的国际互动

近30年来，集体安全条约组织经历了一个不算太长但充满波折的发展历程。在这个过程中，有俄罗斯这个主导者发挥无可替代的作用，也有其他成员国的参与和配合；经历过低迷的岁月，也遭遇过减员的挫折；遇到过各种挑战，也取得了一些成绩。这些都是集体安全条约组织存在和发展必不可少的因素。在集安组织的发展历程中，其前期的国际互动主要是受外界因素的影响，而随着自身能力的增强，集安组织在国际互动中的主动性也在逐渐加强。

第一节 主要大国与集安组织

当代国际社会行为体种类繁多，数量巨大，对集体安全条约组织产生影响的国际行为主体也是不胜枚举，在此不做全面论述，只选其中重要因素予以简介。

一 美国等西方国家的影响

美国等西方国家作为曾同苏联相互斗争了几十年的对手，其影响之大不言而喻。从苏联解体开始，美国等西方国家对后苏联地区的影响可谓有增无减，只是换了一些表现形式。作为苏联解体后的一个次区域性组织，集体安全条约组织形成和发展的每一步，无不是在美国等西方国家的影响之下进行的。

苏联解体对世界产生了深刻的影响，两极格局轰然倒塌。巨大的变故给西方世界提供了空前的历史机遇，新独立的国家几乎行动一致地倒向了西方。但面对如此形势，以美国为首的西方世界，在看到了冷战胜利成果的同时，也发现了由此带来的问题和威胁。在不断地互动中，时局并没有完全沿着美国设想的方向发展，这也迫使美国不断地调整其战略对策。美国等西方国家对独联体地区的影响在不同阶段表现出不同的特征，从而对集体安全条约组织产生的影响也有所不同。

（一）许诺带来麻痹——1991～1994年

这一阶段，美国等西方国家的主要目标在于巩固冷战胜利的成果，维护后苏联地区的稳定。其面对的主要问题有：解决苏联遗留的核武器问题，防止因苏联解体而造成核武器扩散，支持新生国家的独立和政治民主化。重点集中在俄罗斯，其基本战略思想是削弱俄罗斯的国际地位和影响，使其"无能化"；使俄罗斯保持"虚弱状态"，从而"无为化"；保持俄罗斯相对稳定，不至于发生大的动荡，使其"无害化"。

苏联的解体使原苏联地区形成了所谓的"战略真空"。独立之初的原苏联加盟共和国，包括俄罗斯在内，无一例外地对西方抱有美好的期待，希望从西方获得自身独立建设所需的经济援助，渴望能在西方的帮助和支持下融入发达的西方世界。在期盼和许诺的推动下，新独立的国家基本都采取倒向西方的政策。就连俄罗斯也一心倒向西方。然而没过多久，西方的表现就使这些国家的美好憧憬破灭。它们得到的援助不仅无法满足需要，甚至离西方的许诺相差甚远。这使独联体国家，尤其是俄罗斯重新意识到，将希望完全寄托在美国等西方国家身上是不现实的选择。虽然独联体国家一厢情愿的好感遭受冷遇，但也无法改变美国等西方国家已成为独联体地区客观影响因素的事实。

在苏联解体之初，美国等西方国家在解决苏联遗留的核武器问题上起到了重要作用。苏联足以与美国相抗衡的核武力量是美国任何时候都无法忽视的问题。随着苏联的解体，原先由苏联统一掌控的核力量一分为四，分别散布在俄罗斯、白俄罗斯、乌克兰和哈萨克斯坦四国境内。核扩散问题直接牵动着美国等西方国家的敏感神经，如何防止如此大规模的核武器扩散成为当务之急。为此，美国采取的主要措施包括：制定对原苏联加盟共和国的援助计划,包括资金、技术及其他形式的援助;关注解决苏联留下的核武器问题,包括将白俄罗斯、乌克兰、哈萨克斯坦的核武器撤往俄罗斯及三国承认为无核国家和签订《核不扩散条约》。

在这一时期,俄罗斯、白俄罗斯、乌克兰和哈萨克斯坦都有求于西方国家,希望最大限度地得到经济援助和政治支持,所以在核武器处理问题上,对美国做了很大让步。首先是美国帮助俄罗斯劝导白俄罗斯、乌克兰和哈萨克斯坦放弃核武器,将继承苏联核武器的权利转给俄罗斯,并帮助和监督将三国境内的核武器销毁或转运至俄罗斯。

随着核不扩散问题的逐步解决,基于独联体地区地缘战略地位和资源方面重要性的逐步增强,西方开始进一步加强与独联体其他国家的关系,同各国积极接触,全面发展关系。美国通过北约"和平伙伴关系计划"机制向独联体国家进行军事渗透。1994年,包括俄罗斯在内的一批独联体国家先后加入北约"和平伙伴关系计划"。这一时期,美国吸引了独联体各新独立的国家的注意力,各国都忙于同美国打交道,无暇顾及考虑和实施《集体安全条约》机制的运行和发展。

(二)拉拢造成分化——1995~2000年

这一阶段,美国对中亚和南高加索地区的兴趣急剧增强。1996年底,美国首次指出将南高加索和里海地区视为美国利益攸关区。俄罗斯于1995年推出《俄罗斯联邦对独联体国家的战略方针》,将独联体国家列为俄罗斯外交的优先方向,积极推进独联体一体化。但基于自身状况,俄罗斯实际上无力在独联体区域保持统一的经济和军事政治空间,在保障区域安全和稳定的过程中也没有发挥应有的作用。这客观上为美国在独联体地区增加影响力提供了机会,独联体一些国家在安全问题上,出现了明显的亲西方倾向,其中美国和乌克兰甚至成了"战略伙伴"。美国与乌克兰关系的基础在于,乌克兰是中欧的重要国家,也是能对西方经济和军事安全产生重要影响的因素。在美国的影响下,后苏联空间内出现了避开俄罗斯的一体化组织——"古阿姆"(包括格鲁吉亚、乌克兰、阿塞拜疆和摩尔多瓦),乌克兰在该组织中起主导作用。该组织于1997年成立,其目的是联合起来以平衡俄罗斯的影响力,并明确宣布要融入欧洲大西洋安全体系。

集体安全条约组织

建立"古阿姆"的倡议是美国提出的,其目的是在独联体南部建立自己的地缘政治影响范围。该组织很大程度上充当了美国增大影响力的重要工具,并相应削弱了俄罗斯在该地区的政治和经济地位。建立"古阿姆"的目的并不仅局限于扩大该组织内各个成员国的经济合作。1997年,参与国家停止与俄罗斯就军事和军事技术发展计划的合作,达成了关于在美国和土耳其军事大学为"古阿姆"集团成员国武装部队培养中级和高级指挥官的协议,这些计划所需的资金由美方承担。根据"古阿姆"集团国家武装力量的需要,以美国制造的武器和装备进行培训工作。在美国的地缘战略计划中,一个非常重要的步骤是将"古阿姆"变成一个军事政治集团。自1997年开始,"古阿姆"国家武装部队一直定期参加北约军事演习。1999年4月,在北约成立五十周年之际,从《集体安全条约》退出的乌兹别克斯坦加入了"古阿姆"。1999年4月2日,阿塞拜疆、格鲁吉亚和乌兹别克斯坦一起拒绝续签《集体安全条约》。

这一阶段,俄罗斯看破美国的意图,开始寻求自己的立国之策。虽然俄罗斯确立了在独联体地区巩固自己地位和影响的战略方向,与美国进行战略竞争。但由于当时的俄罗斯实力状况不佳,在竞争中处于被动地位。俄罗斯无力对《集体安全条约》缔约国之间的矛盾形成有效的影响,其有意主导独联体一体化的举动没有得到太多支持。这一阶段《集体安全条约》机制的发展受到冲击。

(三) 介入引起抵制——2001~2013年

这一时期,为应对"9·11"事件之后反恐的需要,有史以来第一次在中亚地区出现了美国和北约的军事基地,俄罗斯也没有反对美国和北约军事基地进驻中亚。从2001年10月到2005年11月,美国先后获得了中亚五国的领空通行权和7个机场的使用权,包括:乌兹别克斯坦的哈纳巴德机场(2001年10月,美国和乌兹别克斯坦签订了《美乌在反恐斗争中加强军事合作的协定》,该机场距乌兹别克斯坦—阿富汗边境300公里)、吉尔吉斯斯坦的玛纳斯机场(2001年12月,美吉签订关于反恐联盟军队使用玛纳斯机场的协议,先后有8国进驻)、土库曼斯坦的阿斯什哈伯德机场(2001年12月,美土签订关于使用阿什哈巴德机场的备忘录)、塔

第五章 集体安全条约组织的国际互动

吉克斯坦的杜尚别国际机场（2001年12月，美塔通过互换照会的方式确认开放机场。为避免与驻扎在该国的俄军发生摩擦，美国将机场使用权移交法军。法国在机场驻扎空军一小分队及医疗和技术服务人员150多人，常驻军机4~5架），哈萨克斯坦的阿拉木图、奇姆肯特和卢戈沃依机场（2002年4月，美国国防部长访问哈萨克斯坦，哈方宣布将向美国提供3个机场，供紧急情况下使用和加油。7月，美哈签署关于哈向美提供阿拉木图机场为国际反恐联盟备用机场的谅解备忘录）。[1] 随着形势的发展，美国等西方国家的作用和影响不仅在中亚地区，在南高加索和乌克兰也得到明显加强。这得益于国际反恐合作形势的发展和需要，却有超出反恐需要的嫌疑。

而此时实力有所回升的俄罗斯，也希望通过政治和经济手段保持自己在南高加索和中亚的传统优势，应对原苏联地区亲西方和疏远俄罗斯的倾向。2002年5月14日，在莫斯科通过了将《集体安全条约》改组为地区国际安全组织的决议，集体安全条约组织成立。2003年和2004年，俄罗斯分别在吉尔吉斯斯坦和塔吉克斯坦建立空军基地。

为了促进独联体国家的亲美倾向，美国开始在中亚地区政治进程中推行积极的政策。美国历届政府都重视在全球范围内推行美式"民主"与"自由"，并将其视为美国国家安全战略的核心目标之一。而"颜色革命"则是美国在独联体地区推进"民主化进程"的极端表现方式。可以说，"扩展民主"既是美国对独联体政策的目的，也是手段。从2003年底至2005年，在美国的支持和鼓动下，格鲁吉亚、乌克兰和吉尔吉斯斯坦先后发生了三场所谓的"颜色革命"，哈萨克斯坦、乌兹别克斯坦、阿塞拜疆等国也出现了一些亲美反对派的夺权尝试。

美国在独联体地区支持"颜色革命"引起了一些独联体国家的警惕，在独联体激进地推行"民主化"的策略遇到了挫折。再加上此时俄罗斯实力有所回升，开始进一步加强对独联体政策，这使有关国家在外交上有

---

[1] 郑羽主编《中俄美在中亚：合作与竞争（1991~2007）》，社会科学文学出版社，2007，第35~36页。

集体安全条约组织

了灵活选择的空间。以乌兹别克斯坦的举动最为典型,因在2005年的安集延事件中受到美国等西方国家的指责,乌兹别克斯坦很快中断与美国在反恐中的合作关系,关闭美国在哈纳巴德机场的空军基地。接着又退出亲美的"古阿姆",于2006年重新加入俄罗斯主导的独联体集体安全条约组织,继而与俄罗斯签订联盟条约并结成军事战略盟友。

与中亚的形势稍有不同,美国势力在南高加索地区仍在继续渗透,而俄罗斯则被迫继续后撤。2005年5月,俄格在莫斯科签订了《关于在2008年前全部撤出基地》的文件。美国竭力遏制俄罗斯对原苏联其他加盟共和国的拉拢和影响,为此甚至开始积极地对南高加索各国的军事建设提供资金支持。美国成为独联体南部区域活跃的地缘政治因素。

在遭遇"颜色革命"的冲击之后,独联体国家从与美国的反恐合作中清醒过来,对美国等西方国家有了警觉。而"颜色革命"形成的事实也给美国上了一课,事实证明:一味地扶植亲西方政权并不一定能达到预期的目的。首先,指责当权政府很难见效,费尽心思地支持反对派,却未必能使其获得成功,乌兹别克斯坦就是一个很好的证明。其次,就算支持的反对派成功地获得政权,却未必能像预期的那样完全执行亲美政策,吉尔吉斯斯坦的情况尤其能说明问题。再次,即使获得"颜色革命"的成功,政权执行亲美的政策,也未必是好事,反而可能捅出娄子、惹出麻烦,格鲁吉亚就是如此。在这种情况下,美国对独联体的政策有所调整,基本改变了激烈的"颜色革命"的模式,而以寻求务实的合作为手段,采取各种措施继续加强其在独联体地区的影响。经过多方努力,2008年美国军队重返乌兹别克斯坦境内,获得铁尔梅兹空军基地的使用权,同时也从哈萨克斯坦得到了使用阿拉木图机场的法律授权。另外,在外交努力和资金支持下,在吉尔吉斯斯坦保住了玛纳斯机场作为转运中心。美国在交通、能源以及打击"三股势力"和国际犯罪等方面与独联体国家进行合作,通过援助和项目投资等方式提供基金和技术支持。随着奥巴马政府亚太再平衡战略的开始推行,美国在中亚和独联体地区的力量有所收缩,但其在俄罗斯周边地区寻求影响力的意图和实践却不曾消失。

第五章 集体安全条约组织的国际互动

这一阶段美国以反恐为契机，一方面从军事上进入独联体，另一方面从政治上采取积极的政策，包括发动"颜色革命"干预独联体国家的内政，在各国扶植亲美势力。美国过于激进的独联体政策，不仅引起了俄罗斯的强烈反应，独联体其他国家也感受到了来自美国的压力。俄罗斯主导的集体安全条约组织借助地缘优势及在反恐中积极发挥作用的契机，取得了较大发展。

（四）乌克兰危机以来

从2013年底开始，在俄罗斯与美国的参与下，乌克兰内政出现动荡，继而爆发了一系列重大事件，演变成影响地缘政治局势的危机。几年来，围绕乌克兰问题，美国与俄罗斯的地缘较量陷入僵局，这成为影响集安组织的重要因素。虽然俄罗斯无力将集安组织完全纳入与美国的地缘对抗之中，但其借助传统优势及在集安组织中的主导地位，已在很大程度上使集安组织的立场向有利于俄罗斯的方向发展。

总体来看，美国等西方国家在独联体地区的影响是客观现实，其对集体安全条约组织的影响也是一种常态。美国对集体安全条约组织的作用可以分为三个方面：一是向独联体和集体安全条约组织地区的渗透，刺激了俄罗斯推动发展集体安全条约组织的积极性，以应对美国影响力的扩大；二是在反恐等安全领域与独联体和集体安全条约组织成员国开展合作，分散了一些集体安全条约组织成员国的向心力；三是对独联体和集体安全条约组织国家政治民主化的指责，以及不顾及当事国利益强推地缘政治斗争等，可能加强集体安全条约组织成员国对俄罗斯主导的集体安全条约组织的依赖。

二　中国与集安组织

在新独立的国家看来，与它们实现关系正常化不久的中国，更是一个不容忽视的外部因素。尤其对四个与中国相邻的独联体国家来说，苏联解体前未来得及解决的边界问题，成为它们与中国关系中的头等大事。苏联解体前，苏联与中国双方就边界问题已经展开了谈判，并取得了阶段性成果。就在事情朝着积极方向继续发展的时候，苏联解体，双方的谈判进程

集体安全条约组织

受阻。问题不仅仍旧存在,而且变得更为复杂,原先只是中苏双方的边界问题,变成了需要由中国、俄罗斯、哈萨克斯坦、吉尔吉斯斯坦、塔吉克斯坦五个国家来参与解决。对新独立的四个原苏联加盟共和国,尤其哈、吉、塔三国,在自己立国未稳之际,中国会不会"利用有利时机来解决重要的外交问题",[①] 是其担心的头等大事。

(一)解决边界问题,消除安全芥蒂

中国一贯奉行独立自主的和平外交政策,坚持五项基本原则,对独联体国家也一直本着睦邻友好的态度和方法处理相互间的关系。本着睦邻友好的关系原则,各方通过谈判相继就边界问题达成一致,形成了法律文件,解决了多年来悬而未决的问题。

中国与俄罗斯 2004年10月,两国就中俄边境两块未协商一致地段的边界线走向问题达成协议,签署的中俄国界东段补充协定和此前签署的两个国界协定,标志着长达4300多公里的中俄边界线走向已经全部确定。

中国与哈萨克斯坦 根据两国1994年4月26日签署的中哈国界协定、1997年9月24日签署的中哈国界补充协定及1998年7月4日签署的中哈国界补充协定,中哈边界问题得到了全面彻底的解决。这在两国关系中具有历史意义,有助于中哈睦邻友好关系的进一步发展,也有利于维护本地区的安宁与稳定。根据上述三个国界协定,中哈边界全线勘界工作野外作业已如期完成。这为加强边境地区的相互信任与友好合作创造了良好的条件。[②]

中国与吉尔吉斯斯坦 2004年9月22日发布的《中华人民共和国政府和吉尔吉斯共和国政府联合公报》指出,签署《中华人民共和国政府和吉尔吉斯共和国政府关于中吉国界线的勘界议定书》及其附件《中华

---

① К. Л. Сыроежкин, Центральная Азия сегодня: Вызовы и угрозы, Алматы: КИСИ при Президенте РК, 2011, сс. 290 – 291.
② 《中华人民共和国和哈萨克斯坦共和国关于两国边界问题获得全面解决的联合公报》,中华人民共和国外交部网站, 2012年12月19日 http://www.fmprc.gov.cn/chn/pds/gjhdq/gj/yz/1206_11/1207/t5397.htm。

人民共和国和吉尔吉斯共和国国界地图》标志着两国国界线在实地得以勘定，两国历史遗留的边界问题获得彻底解决。①

2010年4月28日，中塔签订的《中华人民共和国和塔吉克斯坦共和国关于中塔国界线的勘界议定书》及其附图正式生效。至此，中国与塔吉克斯坦两国间存在多年的领土争端问题得以解决。②

（二）双边关系发展筑牢稳固基础

当前中国与集安组织的关系，首先是通过与其成员国之间的关系来体现。集安组织各成员国与中国的关系都保持着良好状态和发展势头，这奠定了中国与集安组织之间关系的稳固基础。

中国与白俄罗斯　1992年1月20日中国与白俄罗斯建交，两国关系发展顺利，高层交往频繁。2013年7月，白俄罗斯总统卢卡申科访华期间，两国元首签署联合声明，宣布中白建立全面战略伙伴关系。白俄罗斯重视对华关系，支持中国在台湾等问题上的原则立场。中国是最早承认白俄罗斯独立的国家之一。2016年9月，卢卡申科总统对华进行国事访问，双方宣布建立相互信任、互利共赢的全面战略伙伴关系。2017年5月，卢卡申科总统来华出席"一带一路"国际合作高峰论坛，习近平主席同其举行会晤。中白经贸关系发展顺利，中国是白俄罗斯第三大贸易伙伴，也是白俄罗斯在亚洲最大的贸易伙伴。2014年9月，中共中央政治局委员、中央政法委书记孟建柱与白俄罗斯时任副总理托济克共同主持召开中白政府间合作委员会第一次会议，正式启动委员会机制。委员会下设经贸、科技、安全、教育、文化五个分委会和秘书处，每两年举行一次会议。双方在科技、教育、文化等领域合作顺利，成果丰硕。

---

① 《中华人民共和国政府和吉尔吉斯共和国政府联合公报》，中华人民共和国外交部网站，2012年12月19日，http://www.fmprc.gov.cn/chn/pds/gjhdq/gj/yz/1206_13/1207/t162174.htm。

② 《中华人民共和国政府和塔吉克斯坦共和国政府联合公报》，中华人民共和国外交部网站，2012年12月19日，http://www.fmprc.gov.cn/chn/pds/gjhdq/gj/yz/1206_29/1207/t772256.htm。

集体安全条约组织

中国与俄罗斯 1996年中俄建立战略协作伙伴关系，2001年签署《中俄睦邻友好合作条约》，2011年建立平等信任、相互支持、共同繁荣、世代友好的全面战略协作伙伴关系，2014年中俄全面战略协作伙伴关系进入新阶段。当前，中俄关系处于历史最好时期。两国高层交往频繁，形成了元首年度互访的惯例，建立了总理定期会晤、议会合作委员会以及能源、投资、人文、经贸、地方、执法安全、战略安全等完备的各级别交往与合作机制。双方政治互信不断深化，在涉及国家主权、安全、领土完整、发展等核心利益问题上相互坚定支持。积极开展两国发展战略对接和"一带一路"建设同欧亚经济联盟对接，务实合作取得新的重要成果。两国人文交流蓬勃发展，世代友好的理念深入人心，两国人民之间的了解与友谊不断加深。中俄在国际和地区事务中保持密切战略协作，有力维护了地区及世界的和平稳定。2017年，两国教育领域长短期留学交流人员超过7万人，截至2017年3月底，双方已经建立128对友好城市及省州、数十对经贸结对省州，建立中国长江中上游地区和俄罗斯伏尔加河沿岸联邦区地方合作理事会、中国东北地区和俄罗斯远东及贝加尔地区政府间合作委员会。中俄在一系列重大国际和地区问题上立场相同或相近，保持密切沟通和合作。共同推动成立了上海合作组织，建立了金砖国家、中俄印、中俄蒙合作等机制，在联合国、二十国集团、金砖国家、亚太经合组织、上合组织、亚洲相互协作与信任措施会议（亚信）等共同参与的多边机制框架内进行有效协调，就维护国际法和国际关系基本准则、联合国改革、打击恐怖主义和毒品走私等全球性问题保持密切沟通与协调，共同维护二战胜利成果和国际公平正义，推动建立以合作共赢为核心的新型国际关系，推动国际秩序向更加公正合理的方向发展。

中国与哈萨克斯坦 从1992年1月3日中国与哈萨克斯坦建交以来，双方在政治、经济、文化等领域取得重要成就，双方高层保持密切交往。2002年12月签署中哈睦邻友好合作条约；2005年7月中哈建立战略伙伴关系；2011年双方宣布发展全面战略伙伴关系；2017年，哈萨克斯坦是中国在独联体地区的第二大贸易伙伴，中国是哈萨克斯坦第三大贸易伙伴。中哈在油气等领域开展良好合作，双方共同修建了中国第一条跨境输

第五章　集体安全条约组织的国际互动

油管线——中哈原油管道，中国—中亚天然气管线 A/B/C 三线均过境哈萨克斯坦。两国教育、文化、科技领域合作成果丰硕，常年互派文艺团组演出。中国在哈萨克斯坦设有 5 所孔子学院。截至 2017 年，中哈已建立 16 对友好省州和城市，其中北京和阿斯塔纳互为友好城市。

中国与吉尔吉斯斯坦　中吉自 1992 年 1 月 5 日建交以来，双方彻底解决历史遗留的边界问题，两国关系积极、健康、稳步向前发展。2013 年习近平访问吉尔吉斯斯坦并出席上海合作组织峰会，双方建立战略伙伴关系。2017 年，我国已是吉尔吉斯斯坦第一大贸易伙伴和第二大投资来源国。两国教育、文化领域合作良好，双方多次互办"文化日"活动。中国在吉尔吉斯斯坦建立了 4 所孔子学院。中吉地方交流活跃，已建立 17 对友好省州和城市。

中国与塔吉克斯坦　自 1992 年 1 月 4 日建交以来，两国关系积极、健康、稳步向前发展。两国彻底解决历史遗留的边界问题，签署了《中塔睦邻友好合作条约》，并于 2013 年 5 月建立战略伙伴关系。中国是塔吉克斯坦第二大投资来源国和第二大贸易伙伴。两国教育、文化领域合作良好，目前中国在塔吉克斯坦设立了 2 所孔子学院。中塔已建立 5 对友好城市。

中国与亚美尼亚　1992 年 4 月 6 日两国建交。两国关系发展顺利，高层交往密切。两国在各领域的友好合作关系发展迅速，两国人民的传统友谊不断加深。亚美尼亚重视对华关系，各派政治力量均积极主张加强同中国的友好合作。中国是最早承认亚美尼亚独立的国家之一。

集体安全条约组织是由俄罗斯主导，中亚国家作为主要成员国的地区性安全组织。地缘上它与中国紧密相邻，国家间关系上，它的多数成员国与中国有着密切的互动关系。对中国的西北周边安全有重要的影响。集体安全条约组织的任务和目标在一定程度上与中国存在一致性，在打击恐怖主义等"三股势力"、维护中亚及其周边地区的安全与稳定方面，中国和集体安全条约组织之间存在着共同的利益。在这方面，中国与集体安全条约组织之间存在着合作的必要和空间。构建中国与集体安全条约组织之间融洽的相互关系，不仅对中国和集体安全条约组织，而且对集体安全条约

组织各成员国都具有十分重要的意义。

综上所述,中国作为世界上最大的发展中国家,一贯奉行独立自主的和平外交政策,是维护国际安全与和平的重要力量,尤其是与集体安全条约组织多数成员国紧密相邻,无论从政治上还是地缘上,中国都必然对集体安全条约组织产生相应的影响。在集体安全条约组织的发展过程中,中国也曾是重要的外部刺激因素之一,曾经被集体安全条约组织部分成员国视为相互联合的推动力。集体安全条约组织面对中国时的心情曾是纠结甚至矛盾的,中国对集体安全条约组织的影响也是复杂的。中国影响力的发挥不是通过主动干预和介入的方式,而是立足自身,在和平共处五项原则的基础上,以实际行动赢得了集安组织及其成员国的认可,重塑了中国在集安组织语境中的形象。在与集安组织成员国相处的过程中,中国以实际行动表达了自己对邻国的友好态度。在各国的共同努力下,中国与哈、吉、塔、俄之间的双边关系不断取得进展,同时还形成了极具地区影响力的多边机制——上海合作组织。当然,集安组织对中国的定位,不以中国的意愿为基础,也不完全以中国的意志为转移。尽管如此,事实依然证明,作为集体安全条约组织重要的外部因素,中国在其形成与发展历程中有着特殊的地位,产生了非同一般的影响。

第二节 集安组织与其他国际组织

集安组织经常保持互动的国际组织有联合国、欧安组织、欧盟、上合组织。随着集安组织活动能力的增强,该组织与其他国际组织的互动也越来越多。

一 集安组织与联合国

集安组织所有成员国都是联合国成员,集安组织本身也在联合国进行了注册,开展与联合国的联系是集安组织国际联系的核心因素。1995年11月1日在联合国秘书处注册《集体安全条约》。2004年12月2日联合国大会通过决议给予集体安全条约组织联合国大会观察员地位。2010年3

第五章　集体安全条约组织的国际互动

月2日，联合国大会通过《联合国与集体安全条约组织合作》决议。2010年3月18日，联合国秘书长潘基文和集安组织秘书长博尔久扎在莫斯科签署了《联合国秘书处与集安组织秘书处合作联合宣言》。2011年，联合国秘书长潘基文出席集安组织常设理事会扩大会议。集安组织常驻联合国代表、集安组织秘书长及代表机制化地参与联合国的相关活动。近年来，集安组织与联合国各层次和各形式的互动不断增加。集安组织与联合国在已建立广泛联系和交流机制的同时，在反恐、维和等领域的互动也在展开。

2013年1月21~25日，以副秘书长瓦列里·谢梅里科夫为首的集安组织代表团对纽约联合国总部进行访问。其间代表团与联合国相关部门领导人进行了会晤，并就两组织在维和领域的合作问题，与阿富汗局势、应对恐怖主义和极端主义有关的热点问题，以及两个组织向遭受武装冲突、自然灾难的国家居民提供人道援助方面的合作问题等进行了讨论。

2014年9月29日，集安组织秘书长博尔久扎在纽约与联合国秘书长潘基文讨论世界军事环境和阿富汗调解问题。2014年10月13日，集安组织秘书长与联合国秘书长中亚特别代表、联合国中亚地区预防性外交中心负责人进行会晤，双方讨论了中亚总体安全局势、边界局势、阿富汗及中东因素对中亚的影响，应对跨境挑战和威胁，乌克兰危机对中亚地区的影响，发展集安组织与联合国及其中亚地区预防性外交中心合作等问题。

2016年6月17日，集安组织与联合国中亚地区预防性外交中心进行视频会议，讨论中亚国家所面临的来自阿富汗和中东的安全威胁。①

2017年2月19~24日，集安组织秘书处的代表参加了联合国安理会

---

① Состоялась видеоконференция Секретариата ОДКБ с Региональным Центром ООН по превентивной дипломатии в Центральной Азии, http://www.odkb - csto.org/international_org/detail.php? ELEMENT_ID = 6713&SECTION_ID = 127.

集体安全条约组织

反恐委员会主办的塔吉克斯坦共和国"评估访问"。此次是联合国安理会反恐委员会执行局的第 123 次出访,此前已到过塔吉克斯坦之外的所有集安组织成员国。其任务是研究塔吉克斯坦的反恐斗争形势,包括:塔吉克斯坦的反恐立法和法律实践;打击恐怖主义团体洗钱和筹资的行动;护法机构的效率;应对暴力极端主义和倾向于恐怖主义的激进团体;对边境和领土的管控,包括对外国武装分子的管控;反恐中的国际合作。2017 年 9 月 19 日,集安组织秘书长哈恰图洛夫会见了联合国副秘书长、联合国维护和平行动部主管皮埃尔·拉克鲁瓦。哈恰图洛夫通报了集安组织维和能力的未来发展,指出集安组织集体维和力量完全遵守联合国的基本要求和标准,促进两组织在维和领域开展合作。

二 集安组织与欧安组织

集安组织所有成员国也都是欧安组织成员,两者存在天然的联系,互动密切,在诸多领域展开合作,其中重要的包括打击恐怖主义和毒品走私。2012 年 10 月,欧安组织秘书长兰贝托·赞涅尔出席集安组织常设理事会扩大会议,会上集安组织秘书长博尔久扎称,发展与欧安组织的合作是集安组织与国际组织合作的最重要方向之一,集安组织准备进一步联合欧安组织努力保障欧亚大陆安全。2013 年 6 月 17~20 日,集安组织代表团赴维也纳与欧安组织成员国常驻代表进行磋商。访问期间,代表团参加了欧安组织主持的"安全日",讨论该组织在保障欧洲大西洋和欧亚安全中的作用,并于 19~20 日在欧安组织年度安全审查会议上进行讨论。在论坛上提交了集体安全条约组织对国际形势的评估,对欧安组织建立"安全共同体"的努力表示支持。集安组织秘书长还向欧安组织秘书长建议开展两个组织之间的合作,包括在阿富汗问题上的合作。双方专门讨论了打击毒品贩运方面的合作以及应对恐怖主义问题。①

---

① Делегация Секретариата ОДКБ посетила в штаб-квартиру ОБСЕ в Вене,http://www.odkb-csto.org/international_ org/detail.php? ELEMENT_ ID = 2229&SECTION_ ID = 128.

第五章　集体安全条约组织的国际互动

2013年11月7日，集安组织秘书长与欧安组织秘书长在莫斯科举行了会晤，会上讨论了2014年在国际安全援助部队即将撤离背景下的阿富汗问题以及在为中亚国家和阿富汗相应部门培养专业人才方面进行合作的可能。①

2013年11月28日，集安组织成员国在关于欧安组织人道主义方面的改革途径发表了联合声明，指出促进集安组织成员国与欧安组织在人道主义领域的合作，以及之后行动的优先方向。

在2013年12月5~6日的欧安组织外长会议上，集安组织时任秘书长博尔久扎做了书面报告，指出两个组织在保障集体安全及打击跨国威胁和挑战领域面临相似的任务，在很多方面有合作空间，当前合作的状态和前景令人鼓舞，体现了双方的相互利益和相互信任。②

2014年3月5日，集安组织和欧安组织双方秘书处的代表在莫斯科就中亚国家边境保障合作进行会晤。

2015年10月12日，欧安组织秘书长兰贝托·赞涅尔出席集安组织常设理事会扩大会议时，建议集安组织成员国对欧安组织在乌克兰的监测任务派出观察员。

2015年12月3日，集安组织成员国外长就"关于欧安组织在欧洲安全中的作用"发表联合声明，声明中称，集安组织成员国认为欧安组织在欧洲安全体系中发挥特殊作用。

2017年4月25日，集安组织代理秘书长谢梅里科夫会见欧安组织秘书长，双方讨论了扩大两组织在反恐、打击毒品犯罪、安全保障等领域的合作。

2017年11月2日，欧安组织新任秘书长托马斯·格雷明格首次访问

---

① В Киеве «на полях министерской встречи ОБСЕ» министры иностранных дел государств-членов ОДКБ с участием Генерального секретаря ОДКБ Николая Бордюжи обсудили взаимодействие с Организацией по безопасности и сотрудничеству в Европе, http：//www.odkb-csto.org/news/detail.php?ELEMENT_ID=3112&SECTION_ID=91.

② Генеральный секретарь ОДКБ сделал письменный вклад на СМИД ОБСЕ в Киеве, http：//odkb-csto.org/international_org/detail.php?ELEMENT_ID=3114.

集安组织秘书处并出席集安组织常设理事会扩大会议。他表示其工作的优先方向之一是发展同区域组织，包括集体安全条约组织的合作。

三　集安组织与上合组织

集安组织与上海合作组织已成为欧亚地区有影响力的区域性组织，二者在形成背景、成员、地域、功能等方面都有相似和重合，存在众多的天然联系。从形成背景来看，都是在苏联解体之后，围绕着解决苏联遗留问题逐渐形成和发展起来的多边机制。从成员国来讲，上海合作组织成员国有中国、乌兹别克斯坦、俄罗斯、哈萨克斯坦、吉尔吉斯斯坦、塔吉克斯坦、巴基斯坦、印度，集安组织成员国有俄罗斯、哈萨克斯坦、吉尔吉斯斯坦、塔吉克斯坦、白俄罗斯、亚美尼亚。上海合作组织8个成员国中，有4个国家同时还是集安组织的成员国。从地缘空间来讲，中亚是两个组织共同覆盖的区域。从功能方面讲，反恐、打击"三股势力"、维护地区安全是两个组织共同面临的重要任务。

从发展历程来看，两个组织的模式基础明显不同。集安组织是新独立国家为应对苏联解体造成的安全缺失，通过1992年5月15日的《集体安全条约》联合在一起，1999年部分缔约国续约之后，于2002年在《集体安全条约》机制的基础上宣告成立。上海合作组织是在"上海五国"的基础上发展起来的。最初，"上海五国"机制虽有五国，实为两方，中国为一方，俄、哈、吉、塔为另一方，主要是围绕苏联解体之前未及解决的中苏边界问题展开互动。1998年之后，随着相关问题的逐渐明朗，"上海五国"机制才转变成五国各为一方的多边机制。乌兹别克斯坦从2000年起开始参与该机制。2001年6月15日，6国共同发表《上海合作组织成立宣言》，成立上海合作组织。2017年6月，印度和巴基斯坦成为上合组织的正式成员国。概括来说，集安组织的成员国虽然在一些问题上并不完全一致，但自始至终处于同一战壕。相比之下，上合组织的主要成员国之间曾经却处于对立状态，即使现在，上合组织成员国间也存在诸多的立场差异。

从成员国结构来看，虽然有4个国家既是上海合作组织成员国，又是

第五章 集体安全条约组织的国际互动

集安组织成员国，两个组织成员国形成重合，但它们的组成结构却有差别。集安组织是俄罗斯一个大国加上其周边五个小国，俄罗斯在组织中占据主导地位，其他成员国则处于从属地位。2016年之前，上海合作组织成员国为中、俄两大国加中亚四国，中、俄在该组织内无法形成主从关系，中亚成员国则有更多自主的余地和空间。印度加入之后，中、俄、印均堪称大国，相互之间也构不成从属关系。上合组织是中国参与度最高的欧亚地区多边机制，一直以来对其发展寄予厚望。相比之下，除上合组织外，俄罗斯参与的独联体地区多边机制还有多个，如欧亚经济联盟、独联体、集安组织。虽然俄罗斯也重视上合组织的发展，但在俄罗斯依赖和重视的地区多边机制中上合组织排名并不靠前。对中亚成员国来说，上合组织具有不一样的价值。通过上合组织，中亚成员国既可以突破俄罗斯主导的多边机制的框架，又可以在照顾俄罗斯感受的情况下促进与中国关系的发展。

从发展形势来看，集安组织在机制建设和行动能力方面处于领先地位，上海合作组织在空间扩展和辐射范围方面占有优势。从自身力量建设和行动效能方面看，集安组织现在处于领先地位，最直接的表现如下。集安组织的集体快速反应部队已经可以展开行动，而上海合作组织却没有类似的行动力量存在；集安组织不仅举行演习、实施联合行动，还向成员国提供军事装备和资源，上合组织的行动远没有达到这个层面。从空间和辐射范围的情况来看，两个组织现在的成员国数量已经出现差距，集安组织经历过减员，而上海合作组织则一直保持稳中有升。当前，集安组织的观察员国只有阿富汗和塞尔维亚；而上海合作组织不仅有阿富汗、白俄罗斯、伊朗、蒙古国作为观察员国，还有阿塞拜疆、亚美尼亚、柬埔寨、尼泊尔、土耳其和斯里兰卡作为对话伙伴国。近年来，上合组织有关扩员的法律文件基本完备，加入程序明确。[①] 2017年6月，上海合作组织元首理事会决定接受印度和巴基斯坦为上合组织的正式成员，实现了上合组织重

---

① 张宁：《上海合作组织观察员国和对话伙伴国合作新亮点》，《上海合作组织发展报告（2015）》，社会科学文献出版社，2015，第87页。

集体安全条约组织

要的扩员实践。

从安全领域的活动能力来看,上海合作组织对区域安全问题十分重视,分别于2002年、2005年、2006年、2009年和2012年相继通过多个打击"三股势力"的纲领性文件,为区域反恐合作提供了重要法律依据和指导,并在上合组织框架内先后举行了包括"和平使命"系列军演在内的10余次双边或多边联合反恐及军事演习,促进了成员国间军事安全信任和反恐防恐能力的提升。上合组织在促进中亚地区安全方面做了很多工作,并取得了相应的成果,但与集安组织相比,上合组织在中亚安全中的活动能力和实际效应偏弱,仍有很大挖掘潜力。

通过以上比较可以看出,上海合作组织与集安组织之间有很多共性,同时也有各自的特点。两个国际组织具有不错的发展势头和前景,而且在很多领域存在广阔的合作空间。虽然上海合作组织对区域安全问题十分重视,但在行动能力方面还相对较弱。就目前来讲,在维护中亚地区安全方面,上合组织与集安组织的地位和作用并不平衡。

同时,集安组织与独联体、欧亚经济联盟有着天然的特殊关系,相互之间也有比较稳定的接触和互动。集安组织最初是在独联体内孕育发展起来的,所有集安组织成员国都是独联体成员。欧亚经济联盟的成员国都是集安组织的成员国,两者分别从经济和安全两个领域推进后苏联空间的区域一体化。2014年11月7日,集安组织、欧亚经济共同体、独联体和上合组织执行机构领导人会晤在位于莫斯科的独联体执行委员会举行。[①] 2015年4月27日,集安组织、独联体和上合组织执行机构高层领导人会晤在位于莫斯科的独联体执行委员会举行。[②] 2016年9月11日,集安组织、独联体和上合组织执行机构高层领导人会晤在明斯克举行。定期举行高层会晤,已成为集安组织与区域内组织之间保持互动和沟通的重要机制。

---

① Об итогах рабочей встречи высших административно- должностных лиц ОДКБ, ЕврАзЭС, СНГ и ШОС, http: // www. odkb - csto. org/international _ org/detail. php? ELEMENT_ ID = 4103&SECTION_ ID = 167.

② О рабочей встрече заместителей высших административно-должностных лиц ОДКБ, СНГ и ШОС 24 апреля 2015 года.

第三节 集安组织与乌克兰危机

近年来，国际地区热点问题频发，集安组织周围地区安全局势不容乐观。与集安组织及其成员国直接相关的地区热点问题包括阿富汗问题、乌克兰危机以及叙利亚问题等。阿富汗问题前面已有论述，相较于乌克兰危机而言，叙利亚问题对集安组织的影响相对较弱，而且有很多相似之处。这里仅以乌克兰危机为例，介绍集安组织与地区热点问题的互动。

乌克兰危机已持续多年，虽然国际关注度有所下降，但其仍然是对集安组织产生重要影响的地区热点问题，尤其自2014年4月武装冲突爆发之后，形势一直没有得到好转。2014年9月5日，关于停火问题达成《明斯克协议》，却没得到有效执行。2015年2月12日，再次达成《明斯克协议》，却仍面临难以落实的问题，因为德国和法国主张通过和平方式解决乌克兰问题，积极与俄罗斯展开对话，同时美国则在考虑向乌克兰提供援助甚至武器。在西方各国围绕乌克兰问题产生意见分歧的时候，俄罗斯及其主导的联盟体系也值得关注。集体安全条约组织作为俄罗斯寻求声援和支持的重要依托，在乌克兰危机过程中有所表现，虽不明显却也发挥着客观作用。当前，乌克兰危机不仅是影响集安组织成员国的重要因素，也是集安组织必须面对的严峻考验。乌克兰危机造成的影响广泛而深刻，在此，我们仅从安全层面考察乌克兰危机对集体安全条约组织及其成员国的影响。

一 集安组织对乌克兰危机的反应[①]

近年来，集安组织的组织机制和功能建设不断发展，活动能力也有所增强。乌克兰局势发生动荡之后，集安组织也对其给予了关注，并相继表

---

① 参见牛义臣《乌克兰危机对集体安全条约组织及其成员国的影响》，《俄罗斯发展报告（2015）》，社会科学文献出版社，2015，第242~254页。

达了自己的态度。总体来看,集安组织在乌克兰问题上的态度有一个转变的过程,大体可分为三个阶段。

第一阶段:观察和讨论。这一阶段,集安组织对乌克兰问题主要是观察和讨论,并没有将乌克兰问题与自身相联系。2013年12月16日,集安组织秘书长博尔久扎在接受采访时说:"我们关注着乌克兰现在所发生的事情。"① 在之后的数月,集安组织成员国首脑进行了多次会晤,讨论乌克兰局势问题,但未做评判和表态。

第二阶段:警觉和呼吁。此时,集安组织认为乌克兰局势已事关成员国安全,并呼吁各方保持克制,尤其指出北约不应插手乌克兰问题。2014年4月22日,即乌克兰军队4月15日在顿涅茨克州北部采取武力行动数日之后,集安组织秘书长博尔久扎称,乌克兰局势使极端主义蔓延,威胁集安组织成员国的安全;② 并多次呼吁,不应干涉乌克兰冲突。5月15日,博尔久扎称,北约和集安组织都不应试图以某种形式去影响乌克兰冲突,那样只会使紧张程度加剧。③ 6月4日,博尔久扎发表声明,"我们呼吁尽快停止在乌克兰东南部的军事行动,并努力向顿巴斯平民提供人道主义援助;我们坚决支持缓和乌克兰的紧张局势,不干预其事务并拒绝武力对抗,防止破坏整个地区的安全"。④

第三阶段:放弃不参与的论调。2014年8月29日,集体安全条约组

---

① Возможности ОДКБ ни при каких обстоятельствах не будут использованы для разрешения конфликта на Украине. Об этом в интервью телеканалу "России 24" 16 декабря рассказал генеральный секретарь ОДКБ Николай Бордюжа, http://www.odkb-csto.org/news/detail.php?ELEMENT_ID=3133&SECTION_ID=91.

② События на Украине грозят распространением экстремизма на страны ОДКБ: в Россию уже пытаются «забросить» представителей «Правого сектора» – Генеральный секретарь Николай Бордюжа, http://www.odkb-csto.org/news/detail.php?ELEMENT_ID=3343&SECTION_ID=91.

③ Вмешательство НАТО или ОДКБ в конфликт на Украине привело бы к эскалации напряженности в этой стране, считает Генеральный секретарь ОДКБ Николай-Бордюжа, http://www.odkb-csto.org/news/detail.php?ELEMENT_ID=3423&SECTION_ID=91.

④ Комментарий Генерального секретаря ОДКБ Николая Бордюжи в связи с трагическими событиями в Луганске, http://www.odkb-csto.org/news/detail.php?ELEMENT_ID=3443&SECTION_ID=91.

第五章　集体安全条约组织的国际互动

织秘书长博尔久扎在回答"是否会动用集安组织维和部队以终结乌东部冲突死亡"的问题时表示,集安组织维和部队已做好应对任何复杂行动的准备,包括在乌克兰等非成员国境内,同时也指出,做出此决定的权力属于集安组织成员国领导人组成的理事会。① 此发言表明,集安组织已经放弃了不参与乌克兰问题的论调,如果成员国领导人做出决定,则可以向乌克兰派驻维和部队。然而,集安组织在放弃了不参与论调之后并没有采取实际动作。

集安组织在乌克兰问题上的态度经历了一个转变过程,总体上是向俄罗斯的立场靠近,却难以与俄罗斯达到同步和一致。这主要是因为框架内各成员国对乌克兰危机的态度不尽相同。俄罗斯作为乌克兰危机涉及的重要一方,一直表现强硬的态度和立场。俄罗斯在克里米亚问题上的举动震动了国际社会。2014年3月16日,克里米亚举行公投;3月17日,普京签署了承认克里米亚共和国的法令;② 次日,俄罗斯和克里米亚签订了"将克里米亚纳入俄联邦成为俄联邦新主体的条约"、将克里米亚和塞瓦斯托波尔纳入俄罗斯的法令,并分别于3月20日和3月21日在俄罗斯国家杜马和联邦议会获得批准。③ 即使遭到西方国家的指责和制裁,俄罗斯也没有软化在乌克兰问题上的态度,而且与西方针锋相对地展开较量。

集安组织其他成员国对乌克兰危机的反应,在两个节点有相对明显的表现。一个节点是2014年3月俄罗斯接收克里米亚,另一个节点是乌克兰武装冲突的骤然加剧。面对克里米亚事件,白俄罗斯总统卢卡申科2014年3月23日称,"失去克里米亚是乌克兰政府给了俄罗斯理由所导致","我们承认或不承认都改变不了事实"。④ 2014年3月18日哈萨克斯坦总统纳扎尔巴耶夫发表声明称,"哈萨克斯坦认可克里米亚进行的全

---

① http://rusnews.cn/eguoxinwen/eluosi_anquan/20140829/44149600.html.
② УКАЗ Президента РФ от 17.03.2014 N 147 "О ПРИЗНАНИИ РЕСПУБЛИКИ КРЫМ", http://kremlin.ru/acts/20596.
③ Подписаны законы о принятии Крыма и Севастополя в состав России, http://kremlin.ru/acts/20625.
④ Лукашенко обвинил новые власти Украины в потере Крыма, http://lenta.ru/news/2014/03/23/selfie/.

集体安全条约组织

民公投,并对俄罗斯在复杂条件下的决定表示理解"。① 3月25日纳扎尔巴耶夫又称,"发生的已经发生,现在应该寻找摆脱困境的和平途径……对抗没有出路"。② 亚美尼亚总统萨尔基相称,"在我们看来克里米亚公投是通过自由意志实现民族自决权的又一范例"。③

面对乌克兰境内武装冲突的升级和乌克兰危机的持续发展,集安组织成员国表现不一。2014年5月8日即"胜利日"前夕,俄罗斯总统、俄罗斯武装力量最高统帅普京就俄武装力量管理问题主持了例行训练。④ 除了哈萨克斯坦总统纳扎尔巴耶夫缺席外,其他所有集安组织成员国总统共同观看了训练并在克里姆林宫进行会晤。在庆祝"胜利日"的氛围中,五国总统对乌克兰问题交换了意见。⑤ 他们在会上发表的意见反映了各国对乌克兰危机的基本态度。普京强调,"我们的军队是我国主权、领土完整的可靠保证,在保障全球和地区安全中起到重要作用"。普京还指出,"乌克兰的例子表明,不负责任的政策会带来很多灾难和损失"。卢卡申科表示,"不能对乌克兰发生的事情坐视不理,尤其是发生在敖德萨的事件"。萨尔基相表示,"我们非常担忧暴力在乌克兰的蔓延,包括在敖德萨、斯拉维扬斯克、克拉马托尔斯克和其他地区发生的事件,这样的局势令我们不安"。塔吉克斯坦总统拉赫蒙说:"乌克兰危机、中东北非和集安组织邻近地区的局势,毋庸置疑,对地区和全球安全有不良影响。在乌

---

① Казахстан оценивает референдум в Крыму как свободное волеизъявление населения республики,http://www.inform.kz/rus/article/2640270.

② Экономические санкции Запада в отношении России вряд ли будут приняты - Н. Назарбаев,http://www.inform.kz/rus/article/2642052.

③ 8 мая 2014 года Кремле состоялась встреча Владимира Путина с Президентом Белоруссии Александром Лукашенко,Президентом Армении Сержем Саргсяном,Президентом Таджикистана Эмомали Рахмоном и Президентом Киргизии Алмазбеком Атамбаевым,http://www.odkb-csto.org/news/detail.php?ELEMENT_ID=3419&SECTION_ID=92.

④ 普京:《俄罗斯战略力量战备和协调水平很高》,http://rusnews.cn/eguoxinwen/eluosi_anquan/20140508/44057951.html。

⑤ 8 мая 2014 года Кремле состоялась встреча Владимира Путина с Президентом Белоруссии Александром Лукашенко,Президентом Армении Сержем Саргсяном,Президентом Таджикистана Эмомали Рахмоном и Президентом Киргизии Алмазбеком Атамбаевым,http://www.odkb-csto.org/news/detail.php?ELEMENT_ID=3419&SECTION_ID=92.

第五章 集体安全条约组织的国际互动　Collective Security Treaty Organization

克兰发生的事件令我们深感不安。我们支持通过对话和谈判的和平途径解决复杂的乌克兰危机。"吉尔吉斯斯坦总统阿塔姆巴耶夫则对发生第三次世界大战表示了担忧，希望俄罗斯这样的大国应该对此谨慎。他认为，任何负责任的政治家首要的任务应该是避免战争，不仅与自己的邻居，而且首先是在本国内部避免对抗。哈萨克斯坦在重大节日和俄罗斯亟须支持的时刻缺席，这本身已经表达了某种态度。而 2014 年 5 月 7 日纳扎尔巴耶夫的发言则更有深意。当天在纪念"保卫祖国日"的阅兵仪式上，纳扎尔巴耶夫称哈萨克斯坦将为军队创造一切条件，本国的军事力量有能力完成面临的所有任务。① 2014 年 5 月 18 日，哈萨克斯坦安全委员会会议上关注的是乌克兰事件对哈萨克斯坦经济的影响。②

　　随后，在乌克兰危机僵持的过程中，除俄罗斯之外的其他集安组织成员国基本维持既有的立场，没有明显的态度变化和其他行动表现。相比之下，只有白俄罗斯相对活跃，在乌克兰危机进程中积极扮演中间人的角色，为俄罗斯与德法及乌克兰之间的对话提供平台。乌克兰和俄罗斯双方参与的多次重要会谈在明斯克举行，2014 年 9 月 5 日和 2015 年 2 月 12 日，乌克兰政府军和民兵的两次停火协议也在明斯克达成。

　　在成员国态度和立场不一致的情况下，集安组织对乌克兰危机的主要影响表现在以下几点。第一，集安组织在乌克兰问题上给俄罗斯提供了声援和支持，缓和了西方施压给俄罗斯造成的孤立氛围。第二，集安组织及其成员国的态度很大程度上减轻了俄罗斯与盟友发生隔阂和矛盾的担心，使俄罗斯能集中精力在乌克兰问题上与西方较量。第三，集安组织在乌克兰危机中可以起到一定程度的调节作用。一方面，其态度和立场与俄罗斯相近，对西方构成一定的制衡；另一方面，集安组织与俄罗斯存在的差异，也对俄罗斯形成一定的牵制。总体来看，在乌克兰危机中，俄罗斯可以获得集安组织的声援，却很难使集安组织成为得心应手的工具。集安组

---

① Наши Вооруженные силы достойно выполняют все поставленные перед ними задачи - Н. Назарбаев, http://www.inform.kz/rus/article/2656010.
② Ситуацию на Украине обсудили на заседании Совбеза Казахстана, http://www.inform.kz/rus/article/2640249.

113

织对乌克兰危机的态度转变,是其成员国协调立场的结果;而集安组织成员国对乌克兰危机有不一致的反应,则是因为它们在乌克兰危机中所受的影响存在差异。

二 乌克兰危机对集安组织的影响

乌克兰危机对集安组织的影响是通过对其成员国的影响来实现的。首先就是对乌克兰危机的直接参与者——俄罗斯的影响,其次是对集安组织其他成员国的影响。

(一) 对俄罗斯的影响[①]

美国正是在此轮乌克兰危机中利用俄罗斯与欧盟的矛盾,实现了阻止欧亚经济联盟进一步扩大的战略意图。[②] 乌克兰危机背后是俄罗斯和西方大国的地缘政治争夺,这对俄罗斯来说是战略性问题,所以乌克兰危机对俄罗斯的影响不仅是直接和广泛的,也是深刻和持久的。西方的经济制裁使本就乏力的俄罗斯经济雪上加霜;克里米亚问题导致俄罗斯在外交上一度陷入被动甚至孤立;随着乌克兰局势的持续发展,俄罗斯国内反战呼声也在上涨。总之,随着事态的发酵和发展,乌克兰危机对俄罗斯的影响正通过各种形式相继呈现。从军事安全角度看,乌克兰危机对俄罗斯的影响有以下几个方面。

其一,乌克兰危机使俄罗斯与北约及美国的安全关系进一步紧张。多年来,俄罗斯一直对北约东扩高度警惕,随着乌克兰军事冲突的升级,以及乌克兰一再表达加入北约的意愿,俄罗斯和北约之间的较量也在加剧。2014年6月25日,北约秘书长拉斯穆森表示,北约计划成立新的目标基金长期援助乌克兰。拉斯穆森主张商定援助乌克兰的长期一揽子措施,内容涉及帮助乌克兰改革国防领域和改造武装力量,包括建立更多军事力量。围绕乌克兰的局势,北约一方面以确保盟友的安全为由采取一系列措

---

① 参见牛义臣《乌克兰危机对集体安全条约组织及其成员国的影响》,《俄罗斯发展报告(2015)》,社会科学文献出版社,2015,第242~254页。
② 郑羽:《重启的消亡:普京重新执政后的俄美关系》,《俄罗斯东欧中亚研究》2014年第5期。

施,如加强在波罗的海国家的空中巡逻,向波罗的海和地中海增派北约军舰;另一方面又指责俄罗斯支持乌克兰东部地区的武装分子,并呼吁俄罗斯利用自身对民兵的影响力,在和平解决乌克兰冲突方面做出真正努力。而面对来自北约的指责,俄罗斯外长谢尔盖·拉夫罗夫曾表示,指责俄罗斯导致乌克兰南部和东南部局势复杂化的根据不存在。俄罗斯也一直表示其未向民兵组织提供军事装备、弹药和其他援助。2014年8月底,针对北约在东欧建造新基地以巩固东部地区防御的消息,俄罗斯称,北约加强在东部的军事存在,将有损欧洲大西洋的稳定,俄罗斯将采取应对措施以保护自己的安全。双方围绕乌克兰问题你来我往,在军事层面动作频频,双方关系的紧张程度不断攀升。与此同时,俄罗斯和北约也都不止一次地表示,不希望因乌克兰局势爆发军事行动。在俄罗斯的强硬态度和内部成员的意见分歧共同作用下,北约表现出相对谨慎的态度。关于乌克兰加入北约的问题,一方面北约表示不向任何人保证杜绝乌克兰加入北约的可能,另一方面称乌克兰不具备加入北约的条件。关于向乌克兰提供军事援助的问题,北约多次发表声明,称不会向乌克兰供应武器和军事设备;而同时又表示,北约不会干涉一些成员国向乌克兰供应武器的决定。[①] 与此相应,以美国为首的部分北约国家则表明向乌克兰提供军事援助的意向。美国在乌克兰危机的演进过程中扮演了重要角色。[②] 随着乌克兰危机的不断发展,俄美关系不仅整体呈现恶化倾向,甚至存在军事对抗的风险。

其二,乌克兰危机使俄罗斯感到自身军事安全形势更加严峻。这在2014年12月26日发布的新版《俄罗斯联邦军事学说》中有所体现(见表5-1)。2014年的《俄罗斯联邦军事学说》认为,不仅曾经潜在的一些安全危险已经成了现实,而且增加了新的危险因素。

---

① 《乌克兰国防部长:乌克兰已经开始接收别国武器》,http://world.people.com.cn/n/2014/0915/c1002-25660133.html。
② 郑羽:《重启的消亡:普京重新执政后的俄美关系》,《俄罗斯东欧中亚研究》2014年第5期。

集体安全条约组织

表 5-1　2010 年版和 2014 年版《俄罗斯联邦军事学说》关于外部军事危险的表述

2010 年版*	2014 年版**
北大西洋公约组织试图扩展军事能力及其全球功能扩散对国际法规范的破坏，北约成员国军事设施向俄罗斯边境推进，包括进一步向外扩张	北大西洋公约组织军事扩展及其全球功能扩散对国际法规范的破坏，北约成员国军事设施向俄罗斯边境推进，包括进一步向外扩张
扰乱个别国家和地区的局势及破坏战略稳定的企图	个别国家和地区局势的动荡及对全球和区域稳定的破坏
外国（国家集团）的军事力量在与俄罗斯接壤的国家、俄罗斯盟国境内以及邻近地区的扩散	外国（国家集团）的军事力量在与俄罗斯接壤的国家、俄罗斯盟国境内以及邻近地区的扩散，包括向俄罗斯施加政治和军事压力
破坏全球稳定及核导弹力量平衡的国防战略反导系统的建设和部署，"全球打击"构想的实施，以及在太空军事化，部署高精度战略非核武器系统	破坏全球稳定及核导弹力量平衡的国防战略反导系统的建设和部署，"全球打击"构想的实施，在太空部署武器，以及部署高精度战略非核武器系统
对俄罗斯及其盟国的领土要求，干预其内政	对俄罗斯及其盟国的领土要求，干预其内政
大规模杀伤性武器、导弹和导弹技术的扩散，拥核国家增加	大规模杀伤性武器、导弹和导弹技术的扩散
个别国家违反国际协定，以及不遵守已签订的禁止、限制和削减武器领域的国际条约	个别国家违反国际协定，以及不遵守已签订的禁止、限制和削减武器领域的国际条约
在俄罗斯的邻国和盟国领土上动用武力，违反《联合国宪章》和其他国际法准则	在俄罗斯的邻国和盟国领土上动用武力，违反《联合国宪章》和其他国际法准则
在俄罗斯邻国和盟国领土上存在（出现）武装冲突的焦点和升级	在俄罗斯邻国和盟国领土上存在（出现）武装冲突的焦点和升级
国际恐怖主义的扩散	国际反恐合作不足的条件下，全球极端主义（恐怖主义）威胁扩散及其新影响，使用放射性和有毒化学品的恐怖袭击事件的现实威胁，跨国有组织犯罪尤其是武器和毒品非法贩运的加剧
出现跨民族和跨宗教的紧张焦点，国际武装激进团伙的活动，地区内邻近俄罗斯及其盟国边境的外国私人武装团伙，以及存在的领土争端，世界局部地区分裂主义和极端主义的滋长	存在（出现）跨民族和跨宗教的紧张焦点，国际武装激进团伙的活动，地区内邻近俄罗斯及其盟国边境的外国私人武装团伙，以及存在的领土争端，世界局部地区分裂主义和极端主义的增长
	利用信息和通信技术实现军事政治目的，违反国际法，破坏国家主权、政治独立、领土完整以及威胁国际和平、全球安全和地区稳定的行为

续表

2010 年版*	2014 年版**
	在俄罗斯的邻国建立威胁俄罗斯利益的制度，包括通过推翻国家政权合法机关的手段
	国外特务机构和组织及其联盟针对俄罗斯的颠覆活动

资料来源：*ВОЕННАЯ ДОКТРИНА РОССИЙСКОЙ ФЕДЕРАЦИИ，http：//www.kremlin.ru/supplement/461。

** Военная доктрина Российской Федерации，http：//news.kremlin.ru/media/events/files/41d52 7556bec8deb3530.pdf。

其三，乌克兰危机给俄罗斯的军事发展计划带来麻烦。安全形势的变化促使俄罗斯更加注重军事发展及装备的更新和现代化。2014 年 7 月 22 日，普京在俄联邦安全委员会会议上表示，由于北约在边境加强兵力部署，俄罗斯必须完全如期落实提高国防能力的措施，而且要在克里米亚和塞瓦斯托波尔重新建造军事基础设施。[①] 2014 年俄罗斯的征兵规模与前两年相比又有扩大，2014 年 10~12 月征召 154100 人入伍。[②] 2012 年和 2013 年征召入伍的人数分别是 140140 人和 150030 人。[③] 虽然增幅不大，但在当前的形势下，也一定程度上反映了俄罗斯在军事建设方面的态度。曾有人估计，由于经济状况艰难，俄罗斯正在执行的 2020 年前国家武装计划中的一系列国防采购项目可能推迟实施。但俄罗斯并没有就此削减对军事建设方面的投入。为保障军事计划的实施，俄罗斯 2014 年 12 月制定

---

① 《普京称因北约加强边境兵力 俄应提高国防能力》，http：//www.chinanews.com/gj/2014/07-22/6414246.shtml。

② Президент подписал Указ «О призыве в октябре-декабре 2014 г. граждан Российской Федерации на военную службу и об увольнении с военной службы граждан, проходящих военную службу по призыву»，http：//www.kremlin.ru/acts/46703。

③ Президент подписал Указ «О призыве в октябре-декабре 2012 г. граждан Российской Федерации на военную службу и об увольнении с военной службы граждан, проходящих военную службу по призыву»，http：//www.kremlin.ru/acts/16553；Владимир Путин подписал Указ «О призыве в октябре-декабре 2013 г. граждан Российской Федерации на военную службу и об увольнении с военной службы граждан, проходящих военную службу по призыву»，http：//www.kremlin.ru/news/19291。

的国防部 2015 年预算将增加至 500 亿美元。① 2015 年 3 月，俄罗斯进行关于优化预算的工作，仍坚持不会影响国防采购与武器计划项目。②

乌克兰危机导致西方对俄罗斯实施的经济制裁一再延期，俄罗斯的经济承受巨大压力。俄罗斯采取了一系列应对危机的措施，2017 年的经济形势出现好转的迹象，但想摆脱经济制裁造成的消极影响十分困难。在预算本就紧张的情况下，俄罗斯不仅要向克里米亚进行财政拨款，还要向顿巴斯和卢甘斯克提供大量人道主义援助，这无疑也对俄罗斯的军事建设开支造成负面影响。2014 年 8 月以来，俄罗斯对乌克兰东部地区的人道主义物资援助一直持续不断。截至 2017 年 12 月 23 日，俄罗斯向顿涅茨克和卢甘斯克派发的援助车队已累计 72 批次，运输的援助物资已超过 7.1 万吨。在乌东部地区局势没有好转的情况下，俄罗斯的这一负担也很难卸下。

乌克兰危机给俄罗斯军队现代化和武器装备的升级带来的麻烦，还在于技术装备更新升级的渠道受限。2011 年俄罗斯向法国采购两艘"西北风"级航母，按计划第一艘应于 2014 年 9 月交付，后法国宣称延迟至 11 月 14 日。2015 年 3 月，第二艘俄罗斯制造的"西北风"级航母已经可以进行海试，第一艘却仍未完成交货。法方一方面声称将履行与俄罗斯的合同，另一方面将交付军舰与解决乌克兰局势进程联系起来。③ 除此之外，俄罗斯需要从西方进口电子元件，还需要从乌克兰进口零件用于 20 世纪 80 年代研发的产品的维修、维护和保养，迫于形势俄罗斯努力寻求替代方案。④ 如果俄罗斯的军费投入通过优化预算还可以维持，那么技术装备升级的渠道受阻的问题则一时不好解决。

---

① 《普京：俄国防部明年预算为 500 亿美元》，2014 年 12 月 18 日，http://sputniknews.cn/russia/20141218/44221619.html。
② 《普京：优化预算将不会影响国防采购与武器计划项目》，2015 年 3 月 6 日，http://sputniknews.cn/russia/20150306/1014028065.html。
③ 《第二艘"西北风"将于 3 月份进行海试》，2015 年 3 月 3 日，http://sputniknews.cn/military/20150303/1013993218.html。
④ 《俄国防部：俄军军备和武器中有近 200 个型号依赖乌克兰零件》，2015 年 1 月 14 日，http://sputniknews.cn/russia/20150114/1013517235.html。

（二）对其他成员国的影响

乌克兰危机对集安组织其他成员国的影响，虽不像对俄罗斯的影响那样直接，却也广泛而深刻。从安全角度看，乌克兰危机对集安组织其他成员国造成的影响包括以下三个方面。

第一，乌克兰危机导致的安全环境恶化造成严重的安全恐慌。乌克兰危机不仅使乌克兰本国的政局动荡不安，使东部地区武装冲突不断，还使整个周边地区安全形势在俄罗斯和美国、北约的较量下变得十分紧张。俄罗斯面临严重的安全压力，作为俄罗斯盟友的集安组织其他成员国也不安宁。吉尔吉斯斯坦总统阿塔姆巴耶夫的态度比较典型，他在2014年5月8日看完俄罗斯武装力量演习之后，称赞俄罗斯在演习中不首先实施核打击而只是进行回击，并希望任何拥有核武器的一方不要挑起战争，因为如果爆发第三次世界大战，将没有胜利者。[①] 白俄罗斯也对集安组织周边复杂的军事政治环境表示担忧，并提出利用一切组织机制保障国家安全。[②]

第二，乌克兰危机背景下的大国地缘政治争夺带来安全忧虑。一方面，乌克兰动乱让集安组织成员国深感担忧。西方在独联体地区惯用"颜色革命"干涉别国内政已经不是秘密，集安组织成员国对此已经十分重视。但此次乌克兰危机中，西方为实现地缘政治目的不惜在一个主权国家支持动乱，让集安组织成员国深感担忧。另一方面，俄罗斯在乌克兰问题上的表现，尤其是对克里米亚的处理方式，很容易引起邻国的不安，其中哈萨克斯坦的表现便是典型代表。哈萨克斯坦与俄罗斯不仅有7500公里长的边界线，而且哈萨克斯坦北部各州的居民有近70%是俄罗斯族，一直存在较强的俄罗斯分离主义倾向，所以哈萨克斯坦担心遭遇与乌克兰

[①] 8 мая 2014 года Кремле состоялась встреча Владимира Путина с Президентом Белоруссии Александром Лукашенко, Президентом Армении Сержем Саргсяном, Президентом Таджикистана Эмомали Рахмоном и Президентом Киргизии Алмазбеком Атамбаевым, http://www.odkb-csto.org/news/detail.php?ELEMENT_ID=3419&SECTION_ID=92.

[②] Государственный Совет Безопасности Белоруссии обеспокоен непростой военно-политической обстановкой вблизи зоны ОДКБ, http://www.odkb-csto.org/news/detail.php?ELEMENT_ID=4078&SECTION_ID=91.

类似的情况。在乌克兰危机背景下,哈萨克斯坦面对俄罗斯时的紧张、敏感和不安,通过对普京一句话的反应便可见一斑。2014 年 8 月 29 日普京在谢利格尔青年论坛上指出,"纳扎尔巴耶夫做了一件独一无二的事——在从来不曾有过国家的土地上建立起了一个国家"。这句带有对纳扎尔巴耶夫称赞之意的话被认为是普京在"质疑"哈萨克斯坦的独立性。① 其他几国虽没有哈萨克斯坦的反应强烈,但它们对本国独立主权和国家安全同样极度重视。

第三,乌克兰危机曾一度冲淡了国际社会对其他热点问题的关注,却无法从事实上改变其他地区的安全局势。其中,阿富汗问题对集安组织成员国造成的影响最直接。2014 年国际安全援助部队撤离阿富汗,对该国局势产生不利影响,阿富汗境内的恐怖主义和毒品威胁加剧并有外溢趋势,与阿富汗相邻的塔吉克斯坦首当其冲。针对这种情况,2013 年 9 月 23 日,在索契举行的集体安全理事会上,集安组织决定向塔吉克斯坦国家安全委员会边防军提供无偿的军事援助。② 按集安组织的决定,在索契会议后的三个月里实施军事援助计划的第一阶段,但直到 2014 年 5 月,该项决定也没有得到落实。③ 如果塔阿边境得不到有效防卫,来自阿富汗的威胁就会向集安组织地区进一步扩散。

总体来说,乌克兰危机对集安组织其他成员国负面的影响,不仅带来安全心理上的担忧和恐惧,而且造成现实安全压力的增大。成员国的安全压力必然对集安组织本身产生直接影响。在乌克兰危机背景下,无论是俄罗斯还是其他成员国,都希望从集安组织获得安全支撑或保障。乌克兰危

---

① 《普京:哈萨克斯坦总统在不曾有过国家的土地上建国》, http: //news. ifeng. com/a/20140901/41807415_ 0. shtml。

② Совет коллективной безопасности ОДКБ принял решение оказать военно-техническую помощь Пограничным войскам Таджикистана для укрепления таджикско-афганской границы и выступил с заявлением о ситуации в Сирии и вокруг нее, http: //www. odkb – csto. org/news/detail. php? ELEMENT_ ID = 2701&SECTION_ ID = .

③ 8 мая 2014 года Кремле состоялась встреча Владимира Путина с Президентом Белоруссии Александром Лукашенко, Президентом Армении Сержем Саргсяном, Президентом Таджикистана Эмомали Рахмоном и Президентом Киргизии Алмазбеком Атамбаевым, http: //www. odkb – csto. org/news/detail. php? ELEMENT_ ID = 3419&SECTION_ ID = 92.

机对集安组织成员国造成的影响，不仅作用于集安组织成员国自身，同时也形成了对集安组织的考验。

乌克兰危机对集安组织成员国的影响，考验集安组织的凝聚力。集安组织的凝聚力源于各成员国对集安组织的诉求和依赖。集安组织各成员国的利益诉求并不完全一致：俄罗斯希望集安组织能够成为俄在该地区保持主导地位和影响力的工具；其他成员国则希望借助集安组织来抵御内外威胁和不稳定因素的过度冲击，以维护国家的独立自主和政治稳定。这些并不一致的诉求和依赖在集安组织框架内达成一种平衡，作为核心推动力贯穿于集安组织的整个发展历程。在乌克兰危机背景下，其他成员国对集安组织的需求和依赖依旧；而俄罗斯则亟须集安组织的声援和支持，对集安组织的依赖程度陡增。在此情况下，其他成员国的担忧只能是有增无减，除了担心本国的独立和主权受到侵蚀，还担忧被卷入乌克兰危机造成的俄罗斯与西方的地缘政治斗争。集安组织框架内成员国诉求和依赖的平衡受到挑战，这也意味着集安组织的凝聚力受到考验。

目前，乌克兰危机还没有得到解决，俄罗斯和西方之间围绕乌克兰问题的较量仍在继续。随着2015年9月俄罗斯军事力量正式介入叙利亚局势，陷入僵持的乌克兰局势在国际舞台上的关注度逐渐让位于俄罗斯在叙利亚的抢眼表现。借助叙利亚问题，俄罗斯在很大程度上缓解了因乌克兰危机而面临的外交困境。在此情况下，集安组织其他成员国对俄罗斯的态度和立场也在很大程度上得到了恢复。在俄罗斯的主导下，集安组织的立场会进一步表现向俄靠拢的迹象。值得指出的是，乌克兰的局势只是陷入僵持，问题并未得到解决。虽然乌克兰危机没有对集安组织的运行造成严重冲击，却是摆在集安组织及其成员国面前的一道难题。集安组织在俄罗斯作为主导、成员国诉求和依赖不对等的情况下，无法躲避乌克兰危机带来的深刻影响。

结　语

从 1992 年 5 月《集体安全条约》签订算起，集体安全条约组织已经走过了二十多年的发展历程，集体安全条约组织的组织机制不断完善，组织功能有了很大提升，尤其是进入 21 世纪以来，发展迅速，为应对新形势而持续扩展组织机制，继续扩大业务领域和任务范围。正是由于还处在快速发展阶段，集体安全条约组织在很多方面表现还不成熟，比如，虽然签订了很多文件、设定了很多构想，但真正得到落实的很有限；成员国数量反复变化；组织机制的行动效率和有效性还得不到可靠保障；等等。快速发展的年轻组织难免带有一定程度的不稳定性。

通过对集体安全条约组织及其与成员国关系的研究，可以发现，集体安全条约组织已经是一个有影响力的区域性组织，集体安全条约组织在组织建设和功能扩展方面仍保持快速发展趋势，也具有良好的发展前景。

作为冷战后成立的区域性国际安全组织，集体安全条约组织不具有北约那样的发展氛围，也无法发展成为北约那样的国际组织。集体安全条约组织习惯上被认为是"军事联盟""军事集团"；也有人说集体安全条约组织现在并不是典型的军事联盟，而是一个为了在军事领域进行合作的政治组织；又有人提出，集体安全条约组织已经"从军事政治联盟转向为多功能的区域安全组织"。[①] 之所以会有这些不同的认识和提法，主要原因在于集体安全条约组织处在快速的发展变化之中。而这些认识和提法也正反映出集体安全条约组织的一些特点。

[①] Н. Н. Бордюжа, "ОДКБ: от военно-политического союза к многофункциональной организации региональной безопасности," Евразийская интеграция: экономика, право, политика, 2008, No. 3, сс. 24 – 27.

集体安全条约组织

首先，集体安全条约组织具有一定的军事政治联盟性质，这在其成立和发展的过程中得到了体现。《集体安全条约》中明确规定了该组织成员国共同应对外来侵略的责任和义务，在军事安全方面形成联盟。其次，集体安全条约组织在发展过程中，成员国间进行广泛的军事和军事技术合作，而其军事联盟的效能没有在实践中得到很好的体现。最后，随着形势的变化，近年来集体安全条约组织在发展过程中，注重应对多领域的安全问题和威胁，不仅保持着共同抵御外来侵略的传统功能，而且将打击恐怖主义、宗教极端主义、跨国犯罪、毒品走私等非传统安全领域的问题纳入自己的事务范围。在新形势下，多种因素将集体安全条约组织拼接成了"多功能区域安全组织"。

从区域范围看，集体安全条约组织是独联体地区有限区域内的组织。集体安全条约组织源自独联体内的《集体安全条约》，可以说集体安全条约组织是从独联体母体里孕育出来的。集体安全条约组织从成立时起，其目标和宗旨就不在于追求整个国际社会的安全，它以独联体为主要平台，首先是以实现独联体区域的安全为目标和努力方向，这与其当前区域性安全组织的身份相适应。曾经作为独联体的一个职能机制，《集体安全条约》脱胎成为集体安全条约组织，它继承了独联体在军事安全领域的职能、架构和财产，但当前的集体安全条约组织却不是独联体的下属机构，更不是独联体在军事安全领域的分支。它们之间存在很多客观联系，成员有重叠但不完全重合，功能和任务也有很大差异。集体安全条约组织的发展成果无法代表独联体的发展进步，甚至某些方面还可能形成"反动"，即集体安全条约组织发展的程度越高，独联体成员之间的分化就越明显。所以在可见的时期内，它只是由部分独联体国家组成的一个有限区域内的组织。

从主要功能领域来看，集体安全条约组织是安全性组织。不仅是与欧亚经济联盟相较而言，即使与具有安全功能的上海合作组织相比，集体安全条约组织作为安全性组织的特点都十分突出。虽然集体安全条约组织与上海合作组织在产生背景和时间阶段上有很多相似之处，成员国也有很大的重合，但集安组织的功能更显单一，不像上海合作组织具有安全功能的同时，还具有很大的经济功能。

　　集体安全条约组织中各成员国地位和作用并不平等。俄罗斯占据主导地位，俄罗斯推进集体安全条约组织的发展，在一定程度上是将其作为俄罗斯扩展地区影响力的手段，这导致集体安全条约组织有沦为俄罗斯的工具之嫌。在这种情况下，以捍卫国家独立和主权为目标的国家难免会对集体安全条约组织的未来发展表示担忧，部分成员国由此对集体安全条约组织发展产生了一定的消极情绪甚至离心倾向。2012年6月，乌兹别克斯坦再次宣布退出集体安全条约组织，是这一问题的直接反映。

　　对集体安全条约组织的成员国来说，追求集体安全的根本目的是确保自身安全，集体安全是追求自身安全的一种途径和方法，有共同的安全任务是集体安全得以进行的前提。在应对新的安全威胁和挑战方面，集体安全条约组织一定程度上满足了部分国家的部分需要。在集体安全条约组织框架下，面对新的安全威胁，俄罗斯与集体安全条约组织其他成员国甚至组织之外的国家存在一些共同的安全需求。而在传统安全领域，俄罗斯与其他国家所面对的形势和问题则有很大的不同。俄罗斯要与美国、北约争夺战略空间，以保持自己在区域内的特殊地位和影响力，把独联体看作自己保障传统安全的重要组成部分和战略依托，希望通过维护好组织区域内的安全局势为自己更大格局的安全构想提供支撑。其他成员国在这方面并不与俄罗斯同步，俄罗斯需要维护本地区的秩序，但其他一些国家之间却存在安全矛盾。

　　鉴于俄罗斯在独联体内的实力和作用，实现独联体的一体化符合俄罗斯的利益需求。而其他独联体国家面临的传统安全问题与其说是来自独联体外，还不如说是来自它们相互之间，这些彼此构成安全威胁的独联体国家很难在集体安全进程中积极行动，一方面是因为安全目标存在很大差异甚至冲突，另一方面是由于追求独立和主权是各自的重要使命，所以很难就这些分歧和冲突达成妥协。区域一体化不是单凭俄罗斯一个国家的愿望和努力就能实现的。其原因一是俄罗斯现在不具有那样的实力，二是一些独联体国家对俄罗斯的态度很复杂，三是国际社会的发展和全球化发展带来的影响。独联体不同国家在国际舞台上的形象和作用都发生了很大变化，即使是与俄罗斯走得很近的国家，也不希望因与俄罗斯走得太近而放弃与其他国家发展关系的机会。

  基于已有的发展状况和趋势，结合当前国际和区域安全局势的需要，集体安全条约组织仍具有发展的空间和潜力。可以预见，集体安全条约组织在应对非传统安全威胁方面会成为积极的角色，在维护欧亚地区安全稳定方面依然会发挥重要的作用，同其他国家和国际组织的合作会有所扩展和加强。在当代国际社会现实中，任何行为体都会面临众多的机遇和挑战，集体安全条约组织也不例外，其在发展进程中存在不少问题，受众多因素的影响。在内外各种因素的影响下，集体安全条约组织的发展依然不会一帆风顺。集体安全条约组织在接下来的发展进程中会有怎样的表现，值得进一步考察。

附录 1
《集体安全条约》*

本条约的缔约国（以下简称"缔约国"），基于各独立国家主权的声明，各缔约国考虑建立特殊武装力量，以实施保障集体安全的行动，严格执行削减武装、军事力量和加强互信措施的相关协议，就以下内容达成共识。

第一条

缔约国强调在相互关系中应该放弃采取武力和以武力相威胁。坚持以和平方式解决自身与其他国家间的矛盾分歧。

缔约国将不加入军事同盟或参与任何国家集团，以及反对其他缔约国的行动。

在欧洲和亚洲建立集体安全体系并基于此目的签订《集体安全条约》，缔约各方希望，缔约国相互间将进行紧急协商以贯彻本条约的要义。

第二条

缔约国间应就所有涉及缔约国利益的重大国际安全问题进行磋商，并协调立场。

当一个或多个缔约国领土完整和主权受到威胁，或者国际和平与安全受到威胁时，缔约国应立即启动共同磋商机制，以协调立场并采取措施消除威胁。

第三条

缔约国元首和独联体武装力量联合总司令部组成集体安全委员会。

---

* Сайт МИД РФ, ДОГОВОР О КОЛЛЕКТИВНОЙ БЕЗОПАСНОСТИ, http：//www.mid.ru/bdomp/ns－rsng.nsf/3a813e35eb116963432569ee0048fdbe/7b26f92ab3bc6b0843256b0b0027825a!OpenDocument，2011－10－17.

第四条

如果一个缔约国受到来自某一国家或国家集团的侵略,则将视为对本条约所有缔约国的侵略。当任一缔约国遭遇侵略时,其他缔约国将向其提供包括军事援助在内的必要援助,并遵照《联合国宪章》第51款运用实施集体防御法可支配手段提供支持。

本条款中所提到的措施,缔约国应及时通告联合国安理会。采取上述措施时,缔约国应遵守《联合国宪章》的有关规定。

第五条

本条约中缔约国共同行动的协调和保障工作由缔约国集体安全委员会及其下设机构来承担。

第六条

本条约第四条中关于应对侵略而动用武装力量的决定需由缔约国首脑通过。

只有在与《联合国宪章》和本条约缔约国立法相符合的国际安全利益的情况下,才可在缔约国领土之外运用武力。

第七条

集体安全体系设施在缔约国领土上的部署和运行,由专门的协议来调度。

第八条

本条约不损害缔约国与其他国家签订的双边和多边条约及协议所规定的权利和义务,不针对第三国。

本条约不妨碍缔约国依据《联合国宪章》所享有的单独和集体防御侵略的权利。

缔约国不应缔结违背本条约的国际协定。

第九条

在缔约国之间出现与本条约某些原则解释和措施相关的任何问题,都应本着友好、互相尊重和互相理解的精神共同解决。

对本条约的修改应由一个或几个缔约国提出倡议并在一致同意的基础上进行。

第十条

本条约向所有有志加入和遵守其目标与原则的国家开放。

第十一条

本条约为期五年，可持续延期。

任一缔约国都有权退出本条约，前提是它须至少提前六个月向其他缔约国提交有关自己意向的声明，并完成所有与退出条约有关的义务。

本条约以每个缔约国通过符合各自宪法程序的批准为基础。批准文件交由本条约指定作为条约保管国的白俄罗斯共和国政府保存。

本条约于各缔约国签署的批准文件递交之后即生效。

本条约于1992年5月15日在塔什干拟定，一式一份，俄文原件。原件存于白俄罗斯共和国政府档案馆，由白俄罗斯共和国政府向本条约签约国发送副本。

附录 2

《〈集体安全条约〉缔约国集体安全构想》[*]

　　《〈集体安全条约〉缔约国集体安全构想》（以下简称《构想》）是《集体安全条约》缔约国（以下简称"缔约国"）对预防和消除和平威胁、联合防范侵略、保障其主权和领土完整的系统看法。

　　《构想》以联合国、欧安组织、《集体安全条约》缔约国参与的其他条约原则为基础。

　　《构想》包括缔约国军事政策的基础、集体安全的保障基础、建立集体安全体系的主要方面和阶段。

　　拟采取一致的政治、经济、军事和其他措施以实现《构想》的规定。

　　缔约国在政治和军事上不将任何国家或国家集团视为自己的对手，而是将世界所有国家视为平等的伙伴。

I. 缔约国军事政策的基础

　　军事技术基础和基础设施确立的军事政治和经济利益，实行一致政策以保障集体安全的意愿，将缔约国联合在一起。

　　在安全领域缔约国将进行磋商以协调立场并采取一致的政策：

　　对独联体其他成员国——军事合作和在解决军事建设问题时提供相互援助等问题；

---

[*] САЙТ ОДКБ，http：//www.odkb‐csto.org/documents/detail.php? ELEMENT_ID=130&sphrase_id=23439.

集体安全条约组织

对北约和其他军事政治组织——合作和伙伴关系，参与现有的和将新建的地区安全机构等问题。

缔约国应以和平手段为优先的情况下动用其所有能力来保障集体安全。在制定集体安全保障措施时缔约国参照以下因素。

东西方之间全球对抗的结束显著降低了发生世界大战的危险性。

与此同时存在大量地区性的国际和国内问题，这些问题的尖锐化甚至演变成武装冲突和局部战争。

缔约国军事威胁的主要来源有：

其他国家对缔约国的领土要求；

已有的和潜在的局部战争和军事冲突策源地，尤其是与缔约国直接相邻的；

一些国家动用核武器和其他大规模毁灭性武器（包括未经授权）的可能性；

核武器和其他大规模杀伤性武器、军事生产物资供应和新技术的扩散与部分国家、组织和恐怖团伙试图实现自己政治和军事意图的结合；

其他国家和军事集团破坏军控和裁军领域的国际条约，扩大军事规模导致战略局势稳定失衡；

外力企图干涉缔约国内政、破坏其内部局势；

国际恐怖主义、政治讹诈。

可能导致军事危险升级给缔约国造成直接军事威胁的因素有：

武装团伙（力量）在邻近缔约国外部边界地区的破坏；

在其他国家境内组建和训练被认定为针对缔约国的武装团伙；

爆发边境冲突和来自邻国的武力挑衅；

外国武装进入与缔约国邻近的领土（如果此举与联合国安理会或欧安组织决定的维和行动无关）。

预防缔约国军事威胁的联合行动的优先方向有：

与其他国家和国际组织联合参与建设欧洲和亚洲的集体安全体系；

在既有的和新制定的关于裁军和军控问题的国际协定方面协调行动；

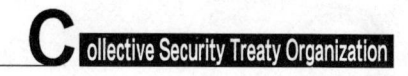

在军事领域扩展信任措施;

建立和发展与北约、其他军事政治组织和区域安全机构的平等伙伴关系,旨在有效完成维护和平的任务;

为在裁减海军和武器以及限制海军行动领域制定和达成有效的国际协定进行积极对话;

根据联合国安理会、欧安组织的决议,按照国际义务实施维和行动;

协调缔约国努力保卫缔约国边界;

保持缔约国武装力量和其他部队具备足以保障国防的水平。

Ⅱ.集体安全的保障基础

缔约国确保集体安全的目的是预防战争和武装冲突,在其化解时保卫缔约国利益、主权和领土完整。

在和平时期的目标是以政治协商的手段调解争议问题、国际和地区危机,基于各国和集体利益支持每个国家的国防能力。

每个缔约国采取既定措施保障其边境稳定。在相互协商的基础上协调边防军和其他部队的行动,支持构建各缔约国边境地带的稳定秩序。

当一个或几个缔约国的安全、领土完整和主权受到威胁或对国际和平构成威胁时,缔约国应立即启动联合磋商机制以协调立场并采取具体措施消除该威胁。

根据俄罗斯军事学说,俄罗斯的战略核力量对侵略缔约国的企图负有遏制功能。

某一缔约国受侵略时,根据《集体安全条约》第四条进行应对并采取措施迫使侵略者停止军事行为。为实现这一目标,他们要及时确定和设计联合行动的内容、形式和方法。

各缔约国的集体安全基于以下基本原则:

安全不可分割:对一个缔约国的侵略即被视为对所有缔约国的侵略;

各缔约国在安全保障上负有同等责任;

集体安全条约组织

尊重领土完整，尊重主权，不干涉内政和照顾相互利益；

以区域为基础的防御集体；

就保障集体安全的原则性问题要在协商一致的基础上做出决定；

根据威胁的规模组建和准备力量和手段。

Ⅲ. 集体安全体系

基本构成

集体安全体系是集体安全的基础，其被各缔约国视为是在共同法律（参考国家法律）基础上保卫其利益、主权和领土完整的国家间和国家管理机构、武力和手段的总和。

集体安全体系的国家间机构有：

集体安全理事会——国家间最高立法机关，保障协调落实《集体安全条约》缔约国的联合行动；

外交部长理事会——集体安全理事会关于各缔约国内外政策协商问题的最高咨询机构；

国防部长理事会——集体安全理事会关于各缔约国军事政策和军事建设问题的最高咨询机构。

为解决具体的集体安全保障任务可以成立其他常设或临时的管理机构。

各缔约国政治和军事领导机关是集体安全体系的管理机构。

各缔约国作为集体安全体系力量和手段的有：

各缔约国的武装力量和其他部队；

为抵抗对缔约国的侵略而成立的联盟部队（联合兵团）；

联合（统一）防空体系、其他体系。

为遏制可能的侵略而组建集体安全体系的力量和手段，及时发现可能的侵略并进行抵抗，保障各缔约国边境安全，参加维护和平行动。

根据联合国安理会、欧安组织的决定，集体安全理事会可以组建集体维和力量进行维和行动。

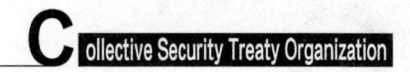

各缔约国作为构成集体安全体系的主要方向为：

各缔约国在国防和安全领域主要法律条文的衔接；

就各缔约国军事建设和武装力量培训等问题进行定期磋商；

制定基本的方法，使部队的战备、训练、实施紧急作战的形式和方法、各成员国相应的经济动员达到高水平；

就缔约国空域和水域军事基础设施的使用达成多边协议；

为集体防御利益协调各缔约国领土的设备运行问题；

各缔约国军事力量和其他部队采取联合措施进行战役和战斗训练；

协调规划培训军事人才和专家；

协调武器和军事装备的研制、生产、供应和维修计划。

为建立和维持物资储备标准制定统一方法。

虑及世界军事政治的发展情况，一致地（分阶段）构建集体安全体系。

第一阶段：

基本完成缔约国武装力量的组建；

制定缔约国军事和军事技术合作规划并启动实施；

制定并通过规定集体安全体系功能的法律文件。

第二阶段：

组建抵抗潜在侵略的联合兵团（统一部队）并制定其动用计划；

组建联合（统一）防空体系；

研究组建统一的武装力量。

第三阶段：

完成缔约国集体安全体系的组建。

* * *

在确保集体安全的行动中，缔约国将遵守《联合国宪章》、公认的国际法准则和原则。

本集体安全构想有助于缔约国预防战争和武装冲突、从国际关系体系中将其消除，在人道主义、民主和共同安全的基础上为个人、社会和国家的全面发展创造了条件。

根据缔约国合作的进一步发展与加强新国际关系体系的形成，本《构想》的条款将继续补充、细化和完善。

1995 年 2 月 10 日
集体安全理事会关于《〈集体安全条约〉缔约国集体
安全构想》的决定在阿拉木图通过

附录 3

《集体安全条约组织章程》[*]

1992 年 5 月 15 日,《集体安全条约》(以下简称"条约")成员国,

严格遵守《联合国宪章》所规定的义务和决定,遵守公认的国际法准则;

为了条约成员国的全面发展、主权和领土完整创造良好和稳定的条件;

重申条约的宗旨和原则以及在其框架内通过的协议和决定;

决心进一步发展和深化在保障和加强国家、地区和国际安全利益方面的政治军事合作;

目标是在外交政策、军事和军事技术合作等领域,以及应对跨国挑战与国家和人民安全面临的威胁等方面,保持并加强密切和广泛的联盟关系;

致力于提高条约框架下行动的有效性,

就以下内容达成一致。

第一章 集体安全条约组织的创立

第一条

条约成员国成立国际区域集体安全条约组织(以下简称"组织")。

第二条

条约的规定及在其发展过程中由集体安全理事会通过的国际条约和决定,对组织成员国(以下简称"成员国")和组织机构具有约束力。

---

[*] Сайт ОДКБ, УСТАВ ОРГАНИЗАЦИИ ДОГОВОРА О КОЛЛЕКТИВНОЙ БЕЗОПАСНОСТИ, http://www.dkb.gov.ru/b/azg.htm, 2012 - 12 - 04.

第二章　目标和原则

第三条

组织的目标包括维护和平、国际和区域安全与稳定，在集体基础上保护成员国独立、领土和主权完整，成员国要提供政治资源以优先实现这些目标。

第四条

组织在自身活动中与非组织成员国家进行合作，与安全领域的国际和政府间组织保持关系。在公认的国际法原则基础上组织促进建立公平、民主的国际秩序。

第五条

组织在严格尊重成员国独立、自愿参与、平等的权利和义务，不干涉成员国国内事务的基础上展开运作。

第六条

本章程不影响成员国在其他条约中作为成员国的权利和义务。

第三章　活动领域

第七条

为实现组织目标，各成员国应采取联合措施在组织框架内建立一个有效的集体安全体系，在安全、稳定、领土完整和主权受到威胁时保障集体防卫和实施集体防御权。建立该组织的联合（集体）部队、地区（统一）军团、维和部队及其统一的管理体系和机构、军事基础设施。成员国在军事技术（军事经济）合作、军队保障、护法机构和特种部队等领域进行必要的武器、军事特种装备和特种设备的合作，为军队、特种部队和护法机构培训军事人才和专业人员，为他们提供必要的武器和军事装备。（此段2010年12月10日进行了修订）

成员国决定在自己领土上部署非组织成员国的军队（武装力量）、军事基础设施，须先与其他成员国进行磋商（达成一致）。

第八条

成员国应协调并联合努力打击国际恐怖主义和极端主义以及毒品和精神药物、武器的非法交易、有组织跨国犯罪、非法移民和威胁成员国安全的其他因素。

成员国采取措施在该组织框架内建立和运行威胁成员国安全、稳定、领土完整和主权的危机状态应对体系。

成员国在边界守卫、信息共享、信息安全、保护居民和领土不受自然与技术性紧急情况以及发生战争或战后影响的威胁等领域进行合作。

各成员国在联合国的引导下开展以上领域的活动，包括与所有感兴趣的国家和政府间国际组织密切合作。

（本条款在2010年12月10日进行了修订）

第九条

就国际和地区安全问题，成员国要进行协商并协调其外交政策立场，包括使用组织的协商机制和程序。

第十条

成员国应采取措施，发展促进集体安全体系功能的法律基础，并在国防、军队建设和安全等问题上协调国家立法。

第四章　组织机构

第十一条

组织机构包括：

集体安全理事会（以下简称"理事会"）；

外交部长理事会（以下简称"外长理事会"）；

国防部长理事会（以下简称"防长理事会"）；

安全会议秘书委员会（以下简称"秘书委员会"）；

常务理事会；

组织的常设工作机构是组织秘书处（以下简称"秘书处"）和组织联

合参谋部（以下简称"联合参谋部"）。

上述机构的功能和运作秩序按本章程规定以及经理事会批准的其他规定进行。

（本条款 2010 年 12 月 10 日进行了修订）

第十二条

除程序性问题外，理事会、外长理事会、防长理事会和秘书委员会应以一致原则做出各项决定。

任何成员国在投票时都拥有一票。投票程序，包括就程序性问题的投票，应当由理事会指定的组织部门程序法则规定。

由理事会做出的决定及由外长理事会、防长理事会和秘书委员会做出的决定，对各成员国都具有约束力，并在国家法律所规定的秩序中执行。

在有限范围内没有任何成员国反对相关决策程序的条件下，理事会有权做出决定。在有限范围内若没有任何成员国反对，相关决定才能获得通过。

成员国对有限范围内的决定未投赞成票，则不对该决定的影响负责。

（本条款 2010 年 12 月 10 日进行了修订）

第十三条

理事会是组织的最高机关。

理事会研究组织活动的原则性问题，针对组织目标和任务的实现做出决定，同时保障成员国为实现这些目标而协调与合作。

理事会由各成员国首脑组成。

各国外交部长、国防部长、安全理事会秘书、组织秘书长、组织成员国常驻和全权代表及应邀人员可以参加理事会会议。

理事会有权组建组织的常设和临时性工作与辅助机构。

若理事会没有另行决定，理事会主席（以下简称主席）由理事会定期会议举办国的国家首脑担任。其权利和义务持续到下次理事会会议召开。

如果主席不能完成其职能，则在剩余的时段选出新的主席。

（本条款 2010 年 12 月 10 日进行了修订）

第十四条

外长理事会是组织在成员国外交政策领域进行协调合作问题的协商和

执行机构。

第十五条

防长理事会是组织在成员国军事政策、军事建设和军事技术领域进行协调合作问题的协商和执行机构。

第十六条

安全会议秘书委员会是组织在成员国保障国家安全领域进行协调合作问题的协商和执行机构。

第十六条 1

常务理事会是组织的协调机构，理事会大会闭会期间，负责组织框架内的合作问题并与组织的常设工作机构共同保障理事会、外长理事会、防长理事会和安全会议秘书委员会所做决定的落实。

常务理事会由各成员国元首按照其国内程序任命的全权代表（以下简称"代表"）组成，并按照理事会的规定行事。

第五章　秘书处

（本条款 2010 年 12 月 10 日进行了修订）

第十七条

组织秘书长（以下简称"秘书长"）是组织的最高行政职位。

秘书长领导秘书处，并协调组织各常设工作机构的活动。

秘书长由理事会根据外长理事会的建议任命成员国公民担任，任期三年。

秘书长对理事会负责，参加理事会、外长理事会、防长理事会、秘书委员会和常任理事会会议。

秘书长协调设计和统一提交组织机构审议的文件议案，在与其他非本组织成员国和国际组织关系、大众媒体中代表组织，并与其进行工作联系。

秘书长是本章程、组织框架内达成的其他协定和文件的寄存者。

第十八条

秘书处对组织机构活动实施组织、信息分析和咨询保障。

秘书处在与常务理事会合作中负责组织机构的议案和其他文件的起草准备工作。

秘书处由在组织财政投入比例配额决定的各成员国公民（官员）和通过竞争形式招募的成员国公民（员工）组成。

秘书处的职能、构建和工作程序由理事会制定的规章来决定。

俄罗斯莫斯科是秘书处的所在地。秘书处在俄罗斯领土上的存在条件，在符合国际条约规定的基础上进行协调。

第十八条 1

联合参谋部实施防长理事会活动的组织、信息分析保障工作，负责组织军事构成的提案准备、在就其职权内与成员国军事管理部门合作的组织和协调，实际落实组织各机构就军事合作问题的决定。

联合参谋部由在组织财政投入比例配额决定的各成员国军人和通过竞争形式招聘成员国公民组成。

联合参谋部的任务、功能、结构、构成和组织基础根据理事会制定的相应规章确定。

俄罗斯莫斯科是联合参谋部的所在地。联合参谋部在俄罗斯领土上的存在条件，在符合国际条约规定的基础上进行协调。

第六章 成员

第十九条

任何认同其目标和原则并愿意承担本章程及组织框架内其他国际条约和决定所规定之义务的国家，都可以成为组织成员。

关于接受成员加入组织的决定由理事会做出。

任何成员国都有退出组织的权利。在组织框架内完成自身义务后，该国至少要提前六个月提交退出声明。

加入和退出组织的程序由理事会制定的相关规章确定。

第二十条

如果成员国不履行本章程条款、理事会决议及其范围内通过的组织其他机构的决议，理事会可以停止其参与组织机构中的活动。

如果该成员国继续不履行法定义务，理事会可以做出决定，将其开除出组织。

此类问题中的当事成员国不参与决议投票。

暂时中止成员国参与本组织的活动或将其开除出组织的程序由理事会批准的规定来确定。

第七章　观察员

第二十一条

非组织成员国及国际组织可以通过向秘书长提交正式书面申请，获得组织观察员地位。接受、停止或解除观察员地位的决定由理事会做出。

各观察员参加组织机构各会议须遵守组织机构章程规定。

第八章　法律行为能力、特权和豁免权

第二十二条

组织在成员国领土范围内享有为实现目标和完成任务所需的权利。

组织可以与非成员国合作，与活动于安全领域的政府间国际组织保持关系，与其签订致力于巩固发展此项合作的国际条约。

组织享有法人权利。

第二十三条

组织的特权和豁免权由相关国际条约确定。

第九章　财政

第二十四条

组织常设工作机构的活动财政支出通过组织预算经费实现。可以吸引

预算外资金（借贷资金除外）用于保障组织活动，其产生和使用程序由理事会制定的相关规定确定。

（本段 2010 年 12 月 10 日进行了修订）

组织预算由理事会批准各成员国分摊缴纳。

组织预算不得出现财政赤字。

每年组织的财政预算计划根据《组织财政预算的形成和实施程序》规定，在各成员国同意的基础上，由秘书处制定。组织财政预算由理事会批准。

《组织财政预算的形成和实施程序》由理事会批准。

成员国代表、专家参加组织机构各例会、大会、组织框架内其他活动，以及常驻代表们活动的相关费用，由成员国自己承担。

第二十五条

如果成员国两年没有完成组织财政预算内约定的义务，理事会将停止该国公民在组织框架内享有的职位份额权，还将在完全完成约定义务前取消该国在组织机构内的发言权。

第十章　最后条款

第二十六条

现行章程自各签约国递交确认批准的书面通知之后确认为通过和生效。

存档国在每收到一份批准通知之后，要通知本章程的各个签约国家。

第二十七条

经过全体成员国同意可用单独协议的形式对现行章程进行修改和补充。

补充和修改条款作为现行章程第二十六条的不可分割的部分同样具有效力。口头协议不列入章程。

对现行章程细节和实施状况的任何争议，通过关注该问题的成员国协商讨论解决。如果争论未能达成一致则提交理事会研究。

第二十八条

组织的官方和工作语言为俄语。

第二十九条

本章程已根据《联合国宪章》第 102 条规定在联合国秘书处注册。

2002 年 10 月 7 日在基什尼奥夫市制定了一份俄文版原件。存档国保存原件,并向所有签约国发送副本。

亚美尼亚共和国代表:

P. 科恰良

白俄罗斯共和国代表:

A. 卢卡申科

哈萨克斯坦共和国代表:

H. 纳扎尔巴耶夫

吉尔吉斯共和国代表:

A. 阿卡耶夫

俄罗斯联邦代表:

B. 普京

塔吉克斯坦共和国代表:

Э. 拉赫莫诺夫

附录 4

《集体安全条约组织 2025 年前集体安全战略》[*]

概论

2002 年成立的国际组织集体安全条约组织（以下简称"集安组织"）是独立民主国家的联合，这些国家在集体安全保障领域具有共同利益。

集安组织成员国遵守《联合国宪章》、1992 年签订的《集体安全条约》和 2002 年 10 月 7 日制定的《集体安全条约组织章程》。

集安组织的行动以充分尊重独立、自愿参加、各成员国权利和义务平等、不干预成员国内政为基础，致力于巩固和平、国际和地区安全与稳定，在集体基础上保护成员国独立、领土完整和主权不受侵犯。

优先以政治外交措施协调和统一集安组织各成员国的集体倡议、立场和行动。

自集安组织成立时起，便奠定了多重功能架构的基础，以系统保障成员国的集体安全。集安组织已经成为安全领域区域组织中不可或缺的一部分。

世界各地，包括集安组织成员国周边区域的事件的发展动态，国际关系的演变和跨国挑战与威胁的扩大，都促使制定 2025 年前集安组织集体安全战略成为必要，以确定保障集安组织集体安全的任务和机制，作为对 1995 年 2 月 10 的集体安全构想的发展。

---

[*] 《集体安全条约组织 2025 年前集体安全战略》，http：//www.odkb-csto.org/news/detail.php? ELEMENT_ ID = 8595&SECTION_ ID = 91&sphrase_ id = 23439。

集安组织的成员国：

——声明愿意在国家平等和安全与共的基础上与国际社会成员建立长期关系，并运用所有力量和工具保障集安组织成员国的集体安全、领土完整和主权；

——避免在国际关系中使用武力或威胁使用武力；

——根据《联合国宪章》第51条实施自己的权利保障自身和集体安全。

集安组织战略立志于促进集体安全体系和区域稳定的进一步发展。

总则

1. 集安组织集体安全战略——本组织为保障集体安全所确定的一系列战略目标、任务及措施的体系。

集安组织战略是集安组织集体安全体系发展规划的基础。

2. 集安组织战略中使用以下基本概念：

"集安组织责任区"——在集安组织成员国与其他非成员国边界（外部边界）以内本组织各成员国的领土，包括内水、领海及其上方空域，在其范围内集安组织各成员国的国家利益和集体安全利益受到保护；

"集安组织集体安全"——集安组织各成员国集体利益受保护的状态，在协调和实施联合行动的基础上使集安组织每一个成员国的独立、领土完整、主权、国防和自我保护得到保障；

"集安组织集体安全的挑战"——可能变成集安组织集体安全威胁的各种条件之和；

"集安组织集体安全的威胁"——阻碍集安组织战略目标实现的各因素之和；

"集安组织集体安全体系"——在集体的基础上根据国际法和国家法律用以保卫集安组织各成员国集体利益、主权和领土完整的集安组织机构和各集安组织成员国国家管理机构、力量和工具之和；

"集安组织集体安全力量"——集安组织成员国国家武装力量和其他部队的联盟、兵团、部队和分队，集安组织成员国内务机关（警察）的特种分队、内务部队（国民卫队、警察部队）、安全和特勤机构，属于国家管理机关和按集安组织机构决定使用的集安组织成员国有权预防和消除紧急情况影响的机构编队，以及集安组织军团（力量）集群联盟、区域（统一）部队（力量）集群、统一（联合）军事体系与维和力量集群。

"集安组织集体安全的工具"——武器、军事和特种设备、特种工具、技术、程序、语言、法律、组织工具；包括用于集体安全保障的信息通信渠道；

"危机情况"——在集安组织某一个或几个成员国内的情况急剧恶化，直接威胁其自身安全、稳定、领土完整、主权，且离开集安组织成员国的必要援助，将导致其无法完成自身功能和（或）导致集体安全区域的不稳定；

"紧急情况"——事故、危险的自然现象、意外事故、自然或其他灾难，可能造成或已经造成人道主义损失，对人们健康或自然环境造成损害，造成重大的物质损失及对人的生命活动条件造成重大破坏等情况。

集安组织集体安全当前的挑战和威胁

3. 世界及与集安组织责任区直接相邻地区军事政治环境的发展动态和预测，确定了一系列事实，它们对集体安全体系有或将会有不利影响。其中：

——已有的和新出现的国际及国内冲突热点不断升级的危险；

——使用强力及经济和信息施压达到一系列政治和经济目的；干涉国家内部事务；

——使用所谓的"颜色革命"和"混合战争"等手法；

——个别国家对国际协议的破坏及对先前在禁止、限制和裁减武器领域所定协议的不遵守；

——在国际关系中，试图任意解释国际法准则和原则，实行双重标准，使用武力或以武力相威胁；

集体安全条约组织

——一些国家和联盟违背公认的国际法准则和原则,在国际社会达成的协调框架之外解决已有冲突的倾向;

——在紧邻集安组织责任区域加强已有的和部署新的军事集群并建立军事基础设施;宣称以武力解决国际问题;

——民族间和宗教间排外、仇外心理的加剧;

——国际恐怖主义和极端主义威胁的增长,在应对这些威胁方面国际实际合作水平不够;

——非法贩运麻醉物品和精神药物及其类似物和原料;

3.1. 集安组织集体安全的外部挑战和威胁

——在紧邻集安组织成员国边界的个别地区政治和社会经济不稳定;

——与集安组织责任区相邻的一些国家存在难以调解的冲突;

——某些国家实行旨在获取军事优势的政策;

——某一国或国家集团在不考虑其他国家正当利益且没有法律约束保障的情况下,单方面部署全球反导防御系统;

——具体实施"全球打击构想"的可能和部署高精度非核战略武器系统,以及在太空部署武器;

——拥有核武能力的国家数量可能扩大;

——大规模杀伤性武器及其原材料的扩散,相关材料的非法交易;

——在集安组织各成员国内旨在颠覆政权和改变宪法体制的行为;

——通过电子信息网络和视频对集安组织各成员国居民进行意识形态解构和心理影响;

——国际恐怖主义和极端组织的武装团伙和人员向集安组织各成员国境内的入侵或渗透;

——自其他国家前往或过境集安组织成员国的非法移民数量增加。

3.2. 集安组织集体安全的内部挑战和威胁

——极端主义和恐怖主义组织及个人以破坏集安组织各成员国内政稳定局势为目的的行为;

——恐怖主义的宣传和资助、招募集安组织各成员国的公民进入一系列国际恐怖主义和宗教极端组织;

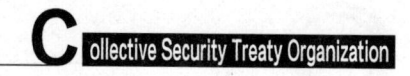

——在一系列国际恐怖组织里有过战斗经历的集安组织各成员国公民返回祖国,将会导致恐怖主义的活跃程度上升;

——利用民族间、种族间和宗教间因素的破坏力量在集安组织各成员国内挑起冲突;

——有组织跨国犯罪团伙在毒品贸易和组织非法移民领域的活动;

——自然及技术性紧急情况数量和规模的扩大;

——利用信息和通信技术在集安组织各成员国破坏公共政治和社会经济环境,以及操纵公共意识。

集安组织的战略目标和任务

4. 集安组织的战略目标是在战略伙伴关系和公认机制及国际法原则的基础上,通过整合集安组织各成员国的力量和资源,保障集体安全。

以加强每个成员国的国家安全来保障集安组织各成员国集体安全的原则作为实现集安组织战略目标的基础。

5. 集安组织在安全保障方面的战略任务

5.1. 在政治领域——通过以下途径促进保障集安组织各成员国的集体利益:

——在保障全球和地区安全方面,加大政治合作和协调各成员国的外交立场;

——在与其他国际和地区组织、第三方国家、非政府组织和公民团体代表的互动中,为集安组织各成员国的安全和稳定发展创造有利条件;

——参与整合在裁军方面的国际努力,包括核裁军,打击国际恐怖主义和极端主义,反对大规模杀伤性武器及其原材料扩散、毒品和武器的非法贩运,完善武器管控的国际机制和加强军事领域的信任措施;

——联合行动,以保持和平、国际安全和稳定,消除现有的和预防新的热点和冲突；

——发展和完善危机应对体系。

5.2. 在军事安全领域——通过以下途径促进集安组织各成员国集体安全保障：

——根据《集体安全条约》、《集体安全条约组织章程》、集安组织集体安全体系力量和工具的组建及运行协定、集安组织各成员国军事学说条款和2020年前集安组织各成员国军事合作发展的主要方向，提高集安组织各成员国的国防能力，增强成员国武装力量、其他军人和军事构成，提升集安组织军队（集体力量）的战备和战斗能力，在军事政治环境发展的任何情况下保障集安组织各成员国安全、主权和领土完整；

——保障集安组织集体安全体系力量和工具有备于自我保卫、预防针对该组织各成员国的侵略或侵略威胁；

——发展军事技术和军事经济合作；

——以有效手段装备集体安全保障力量进行政治协商，在多边目标规划的基础上进行武装斗争；

——实现集安组织各成员国国防工业综合体合作达到保障其科学、技术和生产潜力持续发展，促进经济一体化，扩大其创新资源的水平。

5.3. 在应对跨国挑战和威胁方面——通过以下途径促进保障集安组织各成员国的集体利益：

——发展集安组织集体安全体系的反恐构成；

——打击跨国有组织犯罪，包括非法贩运麻醉剂和精神药物及其类似物和原材料、武器，非法移民；

——在自然和技术性紧急情况及战争期间或战争后果等情况下，保护居民和提供人道主义援助，减少对各国领土和主要设施的损害；

——在国家法律基础上和集安组织框架内承认的国际条约基础上保障重要设施发挥作用；

——形成集安组织成员国的信息安全空间；

——在各国边境保护领域合作；

——发现和有效阻断与恐怖组织及极端组织有关的资金流。

附录 4 《集体安全条约组织 2025 年前集体安全战略》

发展集安组织集体安全体系

6. 集安组织集体安全保障的战略目标是通过制定和系统实施相关政治、外交、国防、经济、信息和其他措施，消除或降低对集安组织集体安全的威胁。

6.1. 在集安组织各成员国对外政策合作方面将实行以下行动：

——就国际和地区安全问题进行协商并协调对外立场，做出联合声明；

——保障全球和区域层面的稳定，保障集安组织各成员国的平等战略伙伴关系；

——协调努力巩固地区稳定；

——参与成立符合现实条件的常规武器管控机制，并遵守加强军事领域信任的措施；

——对遵从其目标和原则的所有国家保持集安组织的开放性，与非本组织成员国及安全领域的国际组织发展合作；

——促进形成新的欧洲大西洋和欧亚安全架构，以保障所有国家的安全平等和不可分割；以政治外交工具作为克服全球和地区危机的支柱；

——拒绝违反《联合国宪章》，不动用武力；

——在各框架内努力应对国际恐怖主义；在国际舞台上推行一条路线，不允许在任何国家支持违宪和非法颠覆政府的活动；

——坚持军控及军事建设中合理充足的政策，加强军事方面的信任措施，促进裁军和军控方面达成新的协议，解决大规模杀伤性武器扩散及在相应国际法工具基础上将其销毁等问题；

——联合行动以遵守和加强国际法工具体制，比如核不扩散条约，全面禁止核试验条约，关于禁止研制、生产、储存和使用化学武器及销毁此类武器公约，关于禁止研制、生产、储存细菌和毒素武器及销毁此类武器公约，以及支持加强中亚无核区及其他一系列机制；

——同其他国际组织发展合作；

——参考国家军事学说、国家安全战略，通过裁减和限制武器构建必要的国际条件，以促进加强国际安全和稳定、所有国家平等且不可分割的安全。

6.2. 在危机应对方面将采取以下行动：

——依据2010年12月10日签订的《集体安全条约组织应对危机局势程序条例》形成集安组织危机应对体系；

——系统发展应对危机情况的工具；

——通过预防性外交预防危机情况的出现；

——优先使用政治手段管控危机情况及其诱因；

——必要的情况下，提供人道主义援助，组建集安组织人道主义应对中心；

——成立集安组织危机应对中心，并于必要情况下在集安组织各成员国成立国家危机应对中心。

6.3. 在维和方面将采取以下行动：

——完善集安组织集体维和力量结构和构成，完善集安组织集体维和力量管理体系；

——培训集安组织各成员国维和人员以完成根据联合国维和基本原则和标准制定的任务；

——与联合国相关机构及各国际组织和地区组织合作，包括根据联合国安理会授权可能动用集安组织集体维和力量的情况；

6.4. 在军事安全方面将采取以下行动：

——保障集安组织集体安全体系内拥有足够的力量和工具；

——为集体安全利益协商解决集安组织各成员国境内行动设备问题；

——完善集体安全体系力量和工具的管理及组成机构的训练措施；

——加深集安组织各成员国的军事技术和军事经济合作，发展科技合作；

——协调军事人才和专家的培养计划；

——协调武器和军事装备的研制、生产、供应及维修联合计划；

——就建立物资存储标准提出一致的方法；

——提升集安组织各成员国的资源筹集能力；

——保障军事技术合作各主体的同等参与条件并遵守武器、军事和特种装备供应的优惠条件；

——研究和实现商定的要求，以现代化武器、军事和特种装备来武装集安组织力量；

——建立武器、军事和特种装备的维修保障体系，在集安组织各成员国境内有必需的物资储备；为对集安组织力量有利，保障条件以快速部署集安组织成员国军事技术合作主体所提供军工产品；

——制定和实施计划以现代化武器、军事和特种装备武装集安组织各成员国武装力量、其他部队和军事建制、护法机构和特种部队。

6.5. 在应对跨国挑战和威胁方面将采取以下行动：

——发展挑战和威胁的预防及应对体系；

——完善信息共享；

——提高国际合作效率；

——加强集安组织应对跨国有组织犯罪的能力，尤其是在打击恐怖主义、极端主义、非法贩运毒品、非法移民，以及应对紧急情况方面；

——发展集体安全力量的相应管理体系和机构，提高其战训水平，列装现代化武器和特种装备；

——完善属于集安组织集体力量构成的内务部门特种部队（警察）、内卫军（国民军）、安全机构和特种部队的联合训练；

——发展特种人才的培养，装备他们并完善本领域基础教育机构的活动。

在应对恐怖主义和极端主义领域：

——在打击集安组织各成员国境内的恐怖主义和极端主义组织方面协调和整合集安组织各成员国的力量；

——制定和实施合理有效的联合措施应对恐怖主义和宗教极端主义，包括通缉参与恐怖和极端行为的人员，切断招募集安组织各成员国公民进入军事冲突地区及回流通道；

——制定和采取措施发现并消除支持恐怖主义和极端主义活动的经费及其他资源渠道；

——制定程序和标准形成集安组织各成员国内禁止的恐怖和极端组织统一名单；

——关于恐怖主义和极端主义组织、加入其中的人员或有嫌疑加入其中的人员及流动（包括利用伪造文件）等，建立信息交流和系统化机制；

——落实集安组织反毒品战略；

——监测和分析集安组织责任区内的毒品情况发展趋势，在此基础上采取先发制人的措施；

——在打击麻醉剂非法交易领域完善授权机关的合作机制；

——切断集安组织成员国境内毒品非法扩散渠道，抑制秘密实验室的活动，预防原料流入非法交易，破坏毒品交易的经济基础；

——完善集安组织"通道"地区反毒行动的实行机制；

——实施一系列措施，以保障协调行动摧毁毒品产业的经济基础，减少对麻醉剂、新型精神药物的需求，包括吸毒成瘾者的预防、治疗、康复和重新社会化；

——发展实施系列预防措施的机制，努力应对新型麻醉剂扩散和来自阿富汗的非法鸦片交易；

在应对第三国公民非法移民领域：

——建立应对第三国非法移民集体体系的有效机制；

——在集安组织"非法"行动框架内的协调预防行动和特殊措施过程中完善合作和信息共享；

——观测移民进程，以预测其犯罪并发现来自第三国非法移民的新通道；

在预防和消除自然和技术性紧急情况的影响方面：

——落实集安组织各成员国集体应对紧急情况体系发展的主要方向；

——在出现紧急情况时按照预定的措施清单提供援助；

——在集安组织集体安全区内设立人道主义中心，在其基础上配置物资储备，建立并完善其活动的全面保障体系；

——有体系地进行联合演习、演练和采取其他举措，提高相应部门应对行动的准备水平；

——建立购买特种设备和物资的优惠机制，以装备集安组织各成员国救援部门，用特种设备和物资的现代化联合形式武装它们；

——就预防和消除紧急情况的问题进行信息监测和共享；

——提高居民的信息化程度，以了解在其境内发生紧急情况时集安组织成员国获得援助及集安组织成员国为受难方提供援助的信息；

——保障系统工作以预防及应对方自然和技术性紧急情况。

边境保卫领域：

——在各国边界保护方面合作；

——集安组织与各国际和区域组织合作；

信息安全领域：

——建立集安组织各成员国信息安全体系；

——在保障信息安全方面发展国际合作和加强部门间协调；

——完善应对信息威胁的机制；

——进行联合措施应对和化解集安组织各成员国信息通信中的冲突行为；

——在保障国际信息安全问题上进行合作；

——在信息领域制定一致的合作规则，提高其国际化水平；

——创造条件并实施联合实践活动，以形成符合集安组织成员国利益的信息政策；

6.6. 在应对以破坏政权、搅乱内政局势或替换政治体制为目的，对集安组织各成员国施加影响的现代组合形式方面，将采取以下行动：

——研究和分析所谓"颜色革命"和"混合战争"的实践操作技术；

——形成应对的集体体系。

总结

7. 为保障集安组织战略实施，以集安组织集体安全理事会领导下集体安全体系所有各部门协调行动，发展集安组织条约法律基础，必要情况下，协调集安组织各成员国国家法律，完善集安组织信息和分析活动及社会工作。

本战略实施进程的相关信息，在集安组织秘书长关于加强集体安全体系状态和措施的年度报告框架内向集安组织集体安全理事会报告。

2016 年 10 月 14 日，集体安全条约组织集体安全理事会决定批准《集体安全条约组织 2025 年前集体安全战略》。

大事纪年

1991年12月8日　俄罗斯、乌克兰和白俄罗斯三国首脑叶利钦、克拉夫丘克和舒什克维奇在白俄罗斯签订了《别洛韦日协议》，宣布苏联作为国际法主体不复存在，并组建独立国家联合体。

1991年12月21日　苏联11个加盟共和国的首脑在阿拉木图签订了《阿拉木图宣言》等一系列文件，与《别洛韦日协议》一起为独联体的成立奠定了法律基础。

1992年5月15日　亚美尼亚、俄罗斯、哈萨克斯坦、乌兹别克斯坦、吉尔吉斯斯坦和塔吉克斯坦成为第一批签订《集体安全条约》的6个国家。

1993年12月31日　白俄罗斯签署《集体安全条约》。

1993年9月24日　阿塞拜疆签署《集体安全条约》。

1993年12月9日　格鲁吉亚签署《集体安全条约》。

1994年1月　《独联体章程》生效。

1994年4月20日　《集体安全条约》正式生效，有效期5年。

1995年11月1日　《集体安全条约》在联合国秘书处注册。

1995年　各缔约国先后制定了《〈集体安全条约〉缔约国宣言》、《〈集体安全条约〉缔约国集体安全构想》。

1996年10月　俄罗斯联邦驻格鲁吉亚前大使泽姆斯基（Земский, Владимир Васильевич）始任《集体安全条约》缔约国集体安全理事会秘书长（2000年3月离任）。

1999年4月2日　在莫斯科举行的集体安全理事会会议上签订了

集体安全条约组织

《〈集体安全条约〉续约备忘录》，并获得了亚美尼亚、白俄罗斯、哈萨克斯坦、吉尔吉斯斯坦、俄罗斯、塔吉克斯坦6国批准，备忘录规定条约有效期自动延长5年。

1999年4月　《集体安全条约》到期，乌兹别克斯坦、阿塞拜疆和格鲁吉亚三国退出了条约。

2000年5月24日　俄罗斯联邦驻哈萨克斯坦前大使尼科拉延科（Николаенко, Валерий Дмитриевич）出任《集体安全条约》缔约国集体安全理事会秘书长（2003年4月28日离任）。

2000年6月20日　俄罗斯联邦政府批准了《〈集体安全条约〉缔约国间军事技术合作基本原则协定》草案。

2000年6月23日　俄罗斯联邦总统普京签署了《〈集体安全条约〉缔约国间军事技术合作基本原则协定》。

2001年5月25日　《集体安全条约》缔约国决定成立中亚集体安全区集体快速部署部队。

2001年9月12日　《集体安全条约》缔约国发表《关于在美国恐怖袭击的声明》，表达反恐立场。

2002年5月14日　《集体安全条约》缔约国决定赋予《集体安全条约》区域性国际组织地位，成立集体安全条约组织。

2002年10月7日　《集体安全条约》缔约国签订了《集体安全条约组织章程》《集体安全条约组织法律地位协定》等法律文件。

2003年4月28日　俄罗斯联邦驻丹麦前大使博尔久扎（Бордюжа Николай Николаевич）被任命为集体安全条约组织秘书长。

2003年9月18日　《集体安全条约组织章程》和《集体安全条约组织法律地位协定》生效。

2004年6月18日　集安组织集体安全理事会通过了《集体安全条约组织与北大西洋公约组织对话和相互关系的主要方向》的决议。

2004年6月18日　集安组织集体安全理事会通过了《集体安全条约组织活动规范文件》（集安组织程序规则，集安组织准入和退出程序，暂停成员国在集安组织机构中活动或将其开除出集安组织的程序等）。

2005年6月23日　集安组织集体安全理事会通过了《关于发展和完善集体安全条约组织成员国防空国防的决定》，集安组织框架内防空领域的合作随之逐步展开。

2005年6月23日　集安组织集体安全理事会决定组建隶属于集安组织外长理事会的阿富汗工作组。

2005年11月　俄罗斯总统普京与乌兹别克斯坦总统卡里莫夫在莫斯科签订了两国联盟关系条约，为乌兹别克斯坦重回集安组织提供了有利氛围。

2006年6月23日　集安组织集体安全理事会决定恢复乌兹别克斯坦的成员国地位。

2007年10月6日　集安组织集体安全理事会通过了《集体安全条约组织维和行动协定》《在出现侵略威胁或发生侵略行为时向集体安全条约组织成员国提供军事技术援助机制的协定》，决定成立"集体安全条约组织成员国紧急状态协调委员会"。

2008年9月5日　集安组织集体安全理事会通过了《建立集体安全条约组织成员国信息安全系统的联合行动规划的决议》。

2009年6月14日　集安组织集体安全理事会通过了《建立集体安全条约组织集体安全体系力量和资源秘密管理体系的基本原则的协定》。

2011年12月20日　集安组织集体安全理事会通过了《集体安全条约组织应对来自阿富汗境内的安全威胁的行动计划》，着重加强集安组织南部与阿富汗边境的防控。

2011年12月20日　集安组织集体安全理事会通过了《关于在集体安全条约组织成员国领土上部署军事设施的备忘录》。

2012年6月29日　乌兹别克斯坦发表声明称，乌兹别克斯坦政府决定停止参加集安组织的活动。

2012年12月19日　集安组织集体安全理事会通过决议，决定中止乌兹别克斯坦在集体安全条约组织中的成员国地位。

2013年12月19日　集安组织秘书处举行题为"政府和社会合作应对外来干涉和'颜色革命'"圆桌会议，研究"颜色革命"及其与外部支持和干预的关系,并讨论集安组织应采取的应对方法。

2014年11月7日　集安组织、欧亚经济共同体、独联体和上合组织执行机构领导人会晤在位于莫斯科的独联体执行委员会举行。

2015年4月27日　集安组织、独联体和上合组织执行机构高层领导人会晤在莫斯科举行。

2016年9月11日　集安组织、独联体和上合组织执行机构高层领导人会晤在明斯克举行。

2016年12月31日　博尔久扎卸任集安组织秘书长。

2017年1月1日　集安组织副秘书长谢梅里科夫（Семериков Валерий Анатольевич）任代理秘书长。

2017年4月14日　亚美尼亚国家安全委员会前秘书哈恰图洛夫（Хачатуров Юрий Григорьевич）被集安组织集体安全理事会任命为集安组织秘书长。

2018年6月9日　集安组织、独联体和上合组织执行机构高层领导人会晤在青岛举行。

2018年11月2日　集安组织发表声明,集体安全理事会决定解除哈恰图洛夫的秘书长职务,由副秘书长谢梅里科夫代理秘书长职权。

2018年11月8日　集安组织集体安全理事会发表宣言,重申将继续协调成员国的外交政策立场,加强成员国国防能力是重要的工作方向,并表明集安组织成员国在不扩散、裁军和军控、反恐、反毒品、信息安全等问题上的态度和立场。

2018年11月8日　集安组织集体安全理事会通过了《关于注册集体安全条约组织观察员国和集体安全条约组织伙伴国地位的决定》。

2019年4月23日　集安组织、独联体和上合组织执行机构高层领导人会晤在莫斯科举行。

2019年7月26日　联合国大会通过了《关于加强联合国与集体安全条约组织之间合作的决议》。

参考文献

一 中文文献

俄罗斯东欧中亚研究所:《俄罗斯发展报告》系列黄皮书,社会科学文献出版社。

俄罗斯东欧中亚研究所:《中亚国家发展报告》系列黄皮书,社会科学文献出版社。

俄罗斯东欧中亚研究所:《上海合作组织发展报告》系列黄皮书,社会科学文献出版社。

丁军、王承就等:《转型中的俄罗斯、乌克兰和白俄罗斯》,世界知识出版社,2010。

冯绍雷、相蓝欣:《转型中的俄罗斯对外战略》,上海人民出版社,2005。

顾志红编著《摩尔多瓦》,社会科学文献出版社,2004。

海运、李静杰:《叶利钦时代的俄罗斯(外交卷)》,人民出版社,2001。

海运、李静杰:《叶利钦时代的俄罗斯(军事卷)》,人民出版社,2001。

李静杰、潘德礼:《十年巨变:俄罗斯卷》,中共党史出版社,2004。

李静杰、赵常庆:《十年巨变:中亚和外高加索卷》,中共党史出版社,2004。

李静杰、郑羽:《俄罗斯与当代世界》,世界知识出版社,1998。

刘庚岑、徐小云编著《吉尔吉斯斯坦》，社会科学文献出版社，2005。

罗伯特·基欧汉、约瑟夫·奈：《权力与相互依赖》，北京大学出版社，2002。

柳丰华：《俄罗斯与中亚——独联体次地区一体化研究》，经济管理出版社，2010。

陆俊元：《中国地缘安全》，时事出版社，2011。

马贵友编著《乌克兰》，社会科学文献出版社，2003。

〔俄〕麦德维杰夫：《苏联的最后一年》（增订再版），社会科学文献出版社，2009。

〔美〕摩根索：《国家间政治：权力斗争与和平》，徐昕、郝望、李保平译，北京大学出版社，2006。

〔哈〕努·纳扎尔巴耶夫：《站在21世纪的门槛上——总统手记》，陈兵、王嘉林译，时事出版社，1997。

〔哈〕努·纳扎尔巴耶夫：《前进中的哈萨克斯坦》，哈依霞译，民族出版社，2000。

潘德礼编著《俄罗斯》，社会科学文献出版社，2005。

〔俄〕普京：《普京文集》，中国社会科学出版社，2002。

〔俄〕普京：《普京文集（2002—2008）》，中国社会科学出版社，2008。

施玉宇、高歌、王鸣野编著《亚美尼亚》，社会科学文献出版社，2004。

苏畅编著《格鲁吉亚》，社会科学文献出版社，2005。

孙壮志、苏畅、吴宏伟编著《乌兹别克斯坦》，社会科学文献出版社，2004。

孙壮志：《中亚五国对外关系》，当代世界出版，1999.

孙壮志编著《阿塞拜疆》，社会科学文献出版社，2005。

孙壮志：《独联体国家"颜色革命"研究》，中国社会科学出版社，2011。

〔俄〕瓦列里·列昂尼多维奇·彼得罗夫：《俄罗斯地缘政治——复兴还是灭亡》，于宝林、杨冰皓，中国社会科学出版社，2008。

王观中：《独联体及其成员国》，吉林人民出版社，1992。

王树春：《转型时期的俄罗斯国家安全战略》，中山大学出版社，2002。

王伟光：《利益论》，中国社会科学出版社，2010。

吴宏伟：《俄美新较量：俄罗斯与格鲁吉亚的冲突》，长春出版社，2009。

杨雷：《俄哈关系论析》，世界知识出版社，2007。

〔乌〕伊·卡里莫夫：《临近21世纪的乌兹别克斯坦：安全的威胁、进步的条件和保障》，王英杰等译，国际文化出版公司，1997。

俞邃：《俄罗斯萧蔷内外》，江苏人民出版社，2003。

赵常庆编著《哈萨克斯坦》，社会科学文献出版社，2004。

郑羽：《俄罗斯东欧中亚国家的对外关系》，中国社会科学出版社，2007。

郑羽：《独联体十年——现状、问题、前景（1991-2001）》，世界知识出版社，2002。

郑羽编著《独联体（1991-2002）》，社会科学文献出版社，2005。

郑羽、柳丰华：《普京八年：俄罗斯复兴之路（2000-2008）外交卷》，经济管理出版社，2008。

中国国际问题研究基金会俄罗斯中亚研究中心：《中亚区域合作机制研究》，世界知识出版社，2009。

朱鸣雄：《整体利益论：关于国家为主体的利益关系研究》，复旦大学出版社，2006

道明：《阿塞拜疆在欧亚格局中的战略地位研究》，外交学院博士学位论文，2011。

胡晓兵：《白俄罗斯与俄罗斯关系的现状和前瞻》，华东师范大学硕士学位论文，2008。

姜振军：《俄罗斯国家安全问题研究》，黑龙江大学博士学位论文，2008。

谭德峰：《俄罗斯独联体政策研究》，吉林大学博士学位论文，2009。

鲁力华：《冷战后伊朗同中亚五国关系研究》，云南大学硕士学位论

文,2010。

王志华:《当代白俄罗斯与欧盟关系评析》,外交学院硕士学位论文,2007。

庄湧:《北约转型及其对北约组织能力的影响》,复旦大学硕士学位论文,2008。

陈联璧:《三个"极端主义"与中亚安全》,《东欧中亚研究》2002年第5期。

陈宪良:《俄罗斯与格鲁吉亚关系的变化及走势》,《俄罗斯中亚东欧研究》2008年第5期。

邓浩:《从吉尔吉斯剧变看中亚地区形势走向》,《新疆师范大学学报》2011年第1期。

高科、许振强:《"9·11"后的俄罗斯军事安全战略实践探索》,《东北亚论坛》2007年第1期。

贾春阳、杨柳:《阿富汗问题三十年(1979-2009)地缘政治、民族与宗教》,《南亚研究》2009年第4期。

姜毅:《俄罗斯与独联体的军事一体化》,《欧洲》1995年第6期。

姜振军:《俄罗斯军事安全面临的威胁及其防范措施》,《俄罗斯中亚东欧研究》2009年第1期。

罗志刚:《俄罗斯对独联体的军事一体化政策》,《长江论坛》2002年第3期。

刘侣萍、崔启明:《北约日益重视外高加索地区的战略地位》,《俄罗斯中亚东欧研究》2008年第1期。

刘小军:《独联体一体化将如何发展》,《现代国际关系》1995年第11期。

娜丝佳:《俄白联盟:进程、问题与前景——白俄罗斯的视角》,《俄罗斯研究》2009年第2期。

孙晋平:《国际关系理论中的国家安全理论》,《国际关系学院学报》2000年第4期。

腾仁:《古阿姆集团发展走势的地缘政治分析》,《俄罗斯中亚东欧研究》2010 年第 2 期。

К. 托卡耶夫:《哈萨克斯坦对外政策》,《外交学院学报》2002 年第 3 期。

王晓军:《俄罗斯中亚地区军事战略与军事政策解析》,《俄罗斯中亚东欧研究》2011 年第 1 期。

王彦:《俄罗斯与中亚国家安全合作机制分析》,《东北亚论坛》2012 年第 6 期。

王彦:《独联体地区安全结构分析》,《俄罗斯中亚东欧研究》2011 年第 3 期。

王彦:《独联体集体安全条约组织安全合作模式分析》,《外交评论》2007 年第 98 期。

吴大辉:《新世纪初的独联体:转机与挑战》,《俄罗斯中亚东欧研究》2003 年第 2 期。

吴玉红、郭玉坤:《合作安全理论基础探究》,《哈尔滨工业大学学报》2007 年第 3 期。

杨育才:《独联体一体化进程中的俄罗斯因素及其约束》,《当代世界》2008 年第 8 期。

张喆:《集体安全条约组织在地区事务中的作用》,《人民论坛》2012 年第 17 期。

赵华胜:《俄罗斯与阿富汗问题》,《国际问题研究》2011 年第 3 期。

赵会荣:《2010 年中亚五国外交新变化》,《新疆师范大学学报》2011 年第 2 期。

赵会荣:《2011 年中亚地区国际关系》,《俄罗斯学刊》2012 年第 2 期。

祝政宏:《俄罗斯的中亚集体安全体系》,《新疆大学学报》2004 年第 4 期。

二 外文文献

А. А. Казанцев.《Большаяигра》снеизвестными правилами: мировая политика и Центральная Азия . М. : МГИМО – Университет, 2008.

А. Д. Богатуров, А. С. Дундич, В. Г. Коргун, и др, отв. Ред. А. Д. Богатуров. Международные отношения в Центральной Азии: События и документы. Учеб. Пособие для студентов вузов . М. : Аспект пресс, 2011.

А. К. Алиев, З. С. Арухов, К. М. Ханбабаев. Религиозно – политический экстремизм и этноконфессиональная толерантность на Северном Кавказе. М. : Наука, 2007.

А. П. Цынанаов, П. А. Цынанаов. Российская наука международных отношений: новые направления (Современное образование) . М. : ПЕР СЭ, 2005.

А. Э. Джоробекова. Основные тенденции и направления интеграционных процессов в Центральной Азии. Бишкек, 2007.

Б. К. Султанов. ОБСЕ и процессы демократизации в контексте региональной безопасности: материалы международной научно – практической конференции (г. Алматы, 28 мая 2009 г.). Алматы: КИСИ при Президенте РК, 2009.

Б. К. Султанов. Казахстан – Россия – Европейский Союз: перспективы стратегического партнерства: материалы междунар. Науч. – практич. Конф. (г. Алматы, 22 октября 2009 г.). Алматы: КИСИ при Президенте РК, 2009.

Б. К. Султанов. Казахстан и глобальные вызовы современности: материалы научно – практической конференции (г. Алматы, 19 мая 2010г.) . Алматы: КИСИ при Президенте РК, 2010.

Б. К. Султанов. Европейский Союз – Казахстан – Россия: перспективы сотрудничества с Китаем: Сборник материалов IV Международной научно – практической конфереции (г. Алматы, 21 июня 2011 г.) . Алматы: КИСИ при Президенте РК, 2011.

Б. К. Султанов. Казахстан – Россия: экономические и политические факторы стратегического портнерства: материалы VI казахстанско - российской научно - практической конференции (г. Алматы, 10 апреля 2012 г.). Алматы: КИСИ при Президенте РК, 2012.

Б. К. Султанов. Актуальные вопросы безопасности в Центральной Азии: Материалы X Ежегодной Алматинской конференции (г. Алматы, 6 июня 2012 г.). Алматы: Казахстанский институт стратегических исследований при Президенте Республики Казахстан, 2012.

В. А. Троицкий. Формы экономической интеграции государств - участников содружества независимых государств. СПБ.: Изд - во С. - Петерб. ун - та., 2008.

В. Б. Мантусов. Экономическая интеграция или развод? перспективы, особенности, проблемы информационно - аналитическое пособие. М.: Книга, 2001.

В. Д. Николаенко. Коллективная безопасность России и её союзников. М.: 2003.

В. Д. Николаенко. Коллективная безопасность России и её союзников. М.: Альба, 2003.

В. М. Захаров. Военное строительство в государствах постсоветкого пространства. М.: РИСИ, 2011.

В. Н. Кудрявцев. Борьба с терроризмом. М.: Наука, 2000.

В. П. Васютович. Политические отношения между Казахстаном и США, Казахстан реалии и перспективы независимого развития. М.: Изд - во РИСИ, 1995.

Е. И. Пивовар. Постсоветское пространство: альтернативы интеграции: исторический очерк. СПБ.: Алетейя, 2008.

З. Саидов. Внешняя политика Таджикистана в условиях глобализации. Душанбе, 2004.

К. К. Токаев. Под стягом независимости: Очерки о внешней политике Казахстана. Алматы, 1997.

К. Л. Сыроежкин. Центральная Азия сегодня: вызовы и угрозы. Алматы: КИСИ при Президенте РК, 2011.

Л. Б. Москвин. СНГ: распад или возрождение (Взгляд 15 лет спустя). М.: Институт социологии РАН, 2007.

Л. Б. Москвин. СНГ: Распад или возрождение Взгляд 15 лет спустя. М.: 2007.

Н. С. Ниязов. Основные векторы политики военной безопасности Азербайджанской Республики в 1994 – 2010 годы. СПб.: СПбГУ, 2010.

С. Федосеев. Роль ОДКБ в обеспечении региональной безопасности: реалии и перспективы. Б. К. Султанов. ОБСЕ и процессы демократизации в контексте региональной безопасности: материалы международной научно – практической конференции (г. Алматы, 28 мая 2009 г.). Алматы: КИСИ при Президенте РК, 2009.

Т. А. Мансуров. Казахстан и Россия: суверенизация, интеграция, опыт стратегического партнёрства. М.: Русский Раритет, 1997.

Ю. А. Никитина. ОДКБ и ШОС: модели регионализма в сфере безопасности. М.: Navona, 2009.

А. А. Бартош. О потенциале миротворчества НАТО, ЕС и ОДКБ. Вестник академии военных наук, 2006 (3): 74 – 79.

А. И. Никитин. Реформирование и развитие ОДКБ. Вестник МГИМО Университета, 2011 (6): 23 – 25.

А. Я. Бабаджанов. Анализ военных доктрин государств – участников ОДКБ. Вестник МГИМО Университета, 2008 (3): 60 – 66.

Б. О. Резникова. Модернизация России взаимодействие в СНГ. Мировая экономика и Международные отношения, 2000 (3).

В. Г. Барановский. О роли воени Мировая экономика и Международные отношения, 1999 (11).

В. В. Черный, В. А. Дыбов. ОДКБ в развитие партнёрства в сфере безопасности и роль России в её дальнейшем развитии. Представитель ная власть – XXI век: законодательство, комментарии, проблемы, 2009 (2 – 3): 58 – 59.

В. М. Струговец. Перспективные направления информационной политики ОДКБ. Власть, 2011 (8): 95 – 98.

И. А. Долматович. ОДКБ: Новое измерение евразийской безопасности. Безопасность Евразии, 2006 (4): 471 – 475.

И. Лякин – фролов. ОДКБ гарантирует безопасность в Евразии к 10 – летию образования организации. Международная жизнь, 2012 (5): 26 – 39.

М. А. Родионовский. Организация Договора о коллективной безопасности в системе национальной безопасности (ОДКБ) РФ в контексте эволюции постсоветского пространства. Вестник Забайкальского государственного университета, 2008 (1): 37 – 42.

М. В. Антонов. Концепция коллективной безопасности и особенности её понимания государствами – участниками ОДКБ. Вестник Российской нации, 2011 (15 – 16): 183 – 192.

М. М. Башаратьян. Военно – политическая безопасность Центральной Азии и роль ОДКБ в её обеспечении. Мировая экономика и международные отношения, 2012 (12): 15 – 23.

М. С. Казакпаев. Джоробекова А. И., К вопросу о значении ОДКБ для безопасного развития в регионе интеграции. Евразийская интеграция: экономика, право, политика, 2007 (1): 56 – 57.

Н. Н. Бордюжа. ОДКБ: от военно – политического союза к многофункциональной организации региональной безопасности. Евразийская интеграция: экономика, право, политика, 2008 (2): 24 – 27.

Н. Н. Бордюжа. Как ОДКБ совершенствует систему коллективной безопасности. Международная жизнь, 2009 (10): 100 – 103.

Н. Н. Бордюжа. Роль ОДКБ в обеспечении международной безопасности. Мир перемен, 2010 (1 – 1): 167 – 183.

Н. Н. Бордюжа. ОДКБ: 10 лет противодействия угрозам и

вызовам. Международная жизнь, 2011 (7): 31 – 43.

Н. Н. Шумский. Институцальная система СНГ: направления дальнейшего совершенствования. Мировая экономика и Междунаролные отношения, 2000 (10).

Н. С. Ниязов. Взаимоотношения Азербайджана и ОДКБ в 1994 – 2011 гг. Вестник Томского государственного университета. История. 2011 (4): 98 – 106.

ОДКБ: к системе коллективной информационной безопасности. Государственная служба, 2011 (1): 81.

С. Д. А. Аляев. ОДКБ – основа коллективной безопасности в Евразии. Научно – аналитический журнал Обозреватель – Observer, 2007 (1): 67 – 77.

Ю. Никитина. Внешнеполитические ориентиры Белоруссии в сфере безопасности: между НАТО и ОДКБ. Мировая экономика и международные отношения, 2006 (6): 77 – 80.

А. Корецкий. Москва теряет союзников. Сегодня, 1999 – 02 – 04.

А. Тренин. Россия-СНГ: от Ташкентского договора к новому Варшавскому? Сегодня, 1995 – 12 – 02.

В. Самсов. Система коллективной безопасности-объективная необходимость. Красная звёзда, 1992 – 07 – 03.

В. Самсонов. Оборонный союз-это не военный блок. Красная звезда, 1995 – 10 – 06.

Военная доктрина Российской Федерации. Российские вести, 1993 – 11 – 18.

Е. Григорьев. Путин предупредил Буша о ядерном конфликте. Независимая газета, 2007 – 06 – 04.

И. Давыдова. Бои в Узбекистане. Саясат, 2000 – 06 – 07.

Л. Ивашов. Возможен ли военно – политический союз. Независимая газета, 1994 – 10 – 18.

С. Данилин. Центральная Азия-зона особого внимания. Независимая газета, 2000 – 04 – 20.

Ф. Олегов. Россия-Казахстан сотрудничество продолжается. Независимая газета, 1999 – 06 – 30.

Центрально-азиатское агентство политических исследований, Комментарий к вторжению исламских экстремистов в Кыргызстан. Саясат, 2000 – 06 – 07.

Аналитический доклад《Итоги деятельности СНГ за 10 лет и задачи на перспективу》, 2001г.. http：//www.mid.ru/ns – rsng.nsf/8c21fbc45f12ec6d432 569e700419ef3/432569d80022146643256b17005148b6, 2012 – 10 – 08.

Аналитический доклад《Итоги деятельности СНГ за 20 лет и задачи на перспективу》, 2011г.. http：//www.e – cis.info/foto/pages/19306.doc, 2012 – 10 – 08.

Борьба с международным терроризмом. http：//www.mfa.gov.by/ mulateral/global_ issues/terror/, 2013 – 01 – 01.

Договор о коллективной безопасности, 1992г.. http：//www.mid. ru/bdomp/ns – rsng.nsf/3a813e35eb116963432569ee0048fdbe/7b26f92ab3bc 6b0843256b0b0027825a! OpenDocument, 2012 – 12 – 28.

Концепция внешней политики Российской Федерации, 2000г.. http：//www.scrf.gov.ru/documents/25.html, 2011 – 10 – 17.

Концепция внешней политики Российской Федерации. http：//www. mid.ru/bdomp/ns – osndoc.nsf/e2f289bea62097f9c325787a0034c255/de43a8 a4bcd17daac325784500296ef8/ $ FILE/% D0% 9F% D1% 80% D0% B8% D0% BB% D0% BE% D0% B6% D0% B5% D0% BD% D0% B8% D0% B5% 20% E2% 84% 96% 201.doc.

Концепция внешней политики Российской Федерации, 2013г.. http：//www.garant.ru/products/ipo/prime/doc/70218094/, 2013 – 03 – 01.

Концепция национальной безопасности Российской Федерации. http：//www.scrf.gov.ru/documents/1.html, 2011 – 11 – 07.

Михаил Тищенко. Беспокойный союзник：Узбекистан уходит из

173

ОДКБ. http://www. lenta. ru/articles/2012/06/29/again. 2012 – 10 – 08.

Нормативные правовые документы, подписанные в рамках ОДКБ. http://www. dkb. gov. ru/f/azc. htm, 2012 – 09 – 11.

Нормативные правовые документы, подписанные в рамках ОДКБ. http://odkb – csto. org/documents/detail. php? ELEMENT_ ID =133, 2013 – 03 – 11.

ОДКБ: Узбекистан нарушает правила. http://izvestia. ru/news/528974#ixzz1zFDkjgpm, 2012 – 06 – 29.

Основополагающие документы. http://www. dkb. gov. ru/f/azc. htm, 2013 – 03 – 11.

Организация Договора о коллективной безопасности. http://www. mfa. gov. by/mulateral/organization/list/f0ffd42a15a9affb. html, 2013 – 01 – 01.

Послание Федеральному Собранию Российской Федерации 2006 года. http://archive. kremlin. ru/text/appears/2006/05/105546. shtml, 2011 – 09 – 19.

Послание Федеральному Собранию Российской Федерации 2007 года. http://archive. kremlin. ru/appears/2007/04/26/1156 _ type63372type 63374 type82634_ 125339. shtml, 2011 – 09 – 19.

Послание Федеральному Собранию Российской Федерации 2008 года. http://archive. kremlin. ru/appears/2008/11/05/1349 _ type63372type 63374 type63381type82634_ 208749. shtml, 2011 – 09 – 19.

Послание Федеральному Собранию Российской Федерации 2009 года. http://президент. рф/transcripts/5979, 2011 – 09 – 19.

Послание резидента Федеральному Собранию, 30 ноября 2010 года. http://президент. рф/news/9637, 2011 – 09 – 19.

Протокол о продлении Договора о коллективной безопасности от 15 мая 1992 года, 1999г. http://www. mid. ru/bdomp/ns-rsng. nsf/3a813e35eb116963432569ee0048fdbe/dc0a356d7361495143256b0b00284a5d!

OpenDocument,2011 – 10 – 17.

Россия и Союзное государство. http://www.mfa.gov.by/bilateral/russia/,2013 – 01 – 15.

Россия и СНГ: состояние и перспективы,2002г.. http://www.mid.ru/ns – rsng.nsf/8c21fbc45f12ec6d432569e700419ef3/017f25c25efae86843256c1d003cd669,2011 – 10 – 17.

Структура ОДКБ. http://www.odkb – csto.org/structure/,2013 – 02 – 01.

Стратегия национальной безопасности Российской Федерации до 2020 года. http://www.scrf.gov.ru/documents/99.html,2012 – 11 – 10.

Узбекистан вышел из ОДКБ. http://www.rg.ru/2012/06/29/uzbekistan – site.html,2012 – 06 – 29.

Узбекистан не будет участвовать в военно – политических блоках. http://www.gazeta.uz/2012/08/04/concept/,2012 – 08 – 11.

Устав организации договора о коллективной безопасности,2002г.. http://www.dkb.gov.ru/b/azg.htm,2012 – 10 – 04.

三 主要网站

集体安全条约组织,http://www.odkb – csto.org,http://www.dkb.gov.ru

独联体成员国议会间大会,http://www.iacis.ru

独联体经济法院,http://www.sudsng.org

俄罗斯驻白俄罗斯大使馆,http://www.belarus.mid.ru

欧亚联盟,http://evrasoyuz.ru

关税同盟,http://www.tsouz.ru

欧亚经济共同体,http://www.evrazes.com

独联体执行委员会,http://www.cis.minsk.by

俄罗斯独联体机构常驻代表,http://www.cismission.mid.ru

俄白联盟,http://www.soyuz.by

俄罗斯政府网站,http://www.rsnet.ru

集体安全条约组织

全球政治中的俄罗斯，http：//www.globalaffairs.ru

俄罗斯政治研究中心，http：//www.pircenter.org

俄罗斯联邦毒品交易监督局，http：//gak.gov.ru/gak

白俄罗斯外交部，http：//www.mfa.gov.by

俄罗斯驻华大使馆，http：//www.russia.org.cn/chn，http：//www.russia.org.cn/rus

塔吉克斯坦外交部，http：//www.mfa.tj

吉尔吉斯斯坦政府，http：//www.gov.kg

哈萨克斯坦政府，http：//portal.mfa.kz

前苏联地区信息分析门户，http：//www.materik.ru

俄罗斯东欧中亚研究所，http：//euroasia.cass.cn

前苏联地区社会政治进程研究信息分析中心，http：//www.ia-centr.ru/about

哈萨克斯坦 tengrinews 新闻，http：//tengrinews.kz/kazakhstan_news

俄罗斯与亚美尼亚，http：//rus-arm.org

亚美尼亚网站，http：//www.panorama.am/ru

国际文传电讯，http：//www.interfax.ru

yandex 门户网站，http：//www.yandex.ru

《俄罗斯报》，http：//www.rg.ru

《消息报》，http：//izvestia.ru/news

俄罗斯新闻网，http：//www.rusnews.cn，http：//rian.ru

哈萨克斯坦新闻，http：//news.gazeta.kz

美国之声俄语新闻，http：//www.voanews.com/russian/news

美国驻吉尔吉斯斯坦大使馆，http：//russian.bishkek.usembassy.gov/ru/index.html

《观点报》，http：//vz.ru/news

塔斯社，http：//www.itar-tass.com

俄罗斯卫星网，http：//sputniknews.cn

索　引

"古阿姆"　12，80，93，94，96

"颜色革命"　26，30，44，45，52，61，71，95~97，119，149，157，161

《〈集体安全条约〉缔约国集体安全构想》　10，15，21，25，26，28，30，131，159

《〈集体安全条约〉缔约国宣言》　10，15，159

《〈集体安全条约〉续约备忘录》　11，15，51，160

《别洛韦日协议》　2，159

《集体安全条约组织2025年前集体安全战略》　25，26，28，147，158

《集体安全条约组织章程》　1，14，15，19，21，22，60，137，147，152，160

地区安全　25，26，28，40，41，50，54，56，75，106，108，109，112，119，126，132，139，147，151，153

地缘政治　2，7，57，83，94，96，97，114，119，121

集体安全理事会　11，13~15，18，19，31，40，42，44，51，52，56，120，134，136，137，139，157~162

集体安全体系　10，11，18，21，22，25，26，28~30，33，37，48，49，51，127，128，131，132，134，135，138，139，148，149，152，153，154，158

欧安组织　26，41，43，83，102，104，105，131~134

欧亚经济联盟　57，100，107，108，114，124

上海合作组织　79，100，101，106~108，124

乌克兰危机　97，103，109，111~115，117~121

国别区域与全球治理数据平台

www.crggcn.com

"国别区域与全球治理数据平台"（Countries, Regions and Global Governance, CRGG）是社会科学文献出版社重点打造的学术型数字产品，对接国别区域这一重点新兴学科，围绕国别研究、区域研究、国际组织、全球智库等领域，全方位整合基础信息、一手资料、科研成果，文献量达30余万篇。该产品已建设成为国别区域与全球治理数据资源与研究成果整合发布平台，可提供包括资源获取、科研技术服务、成果发布与传播等在内的多层次、全方位的学术服务。

从国别区域和全球治理研究角度出发，"国别区域与全球治理数据平台"下设国别研究数据库、区域研究数据库、国际组织数据库、全球智库数据库、学术专题数据库和学术资讯数据库6大数据库。在资源类型方面，除专题图书、智库报告和学术论文外，平台还包括数据图表、档案文件和学术资讯。在文献检索方面，平台支持全文检索、高级检索，并可按照相关度和出版时间进行排序。

"国别区域与全球治理数据平台"应用广泛。针对高校及国别区域科研机构，平台可提供专业的知识服务，通过丰富的研究参考资料和学术服务推动国别区域研究的学科建设与发展，提升智库学术科研及政策建言能力；针对政府及外事机构，平台可提供资政参考，为相关国际事务决策提供理论依据与资讯支持，切实服务国家对外战略。

数据库体验卡服务指南

※100元数据库体验卡，可在"国别区域与全球治理数据平台"充值和使用

充值卡使用说明：
第1步 刮开附赠充值卡的涂层；
第2步 登录国别区域与全球治理数据平台（www.crggcn.com），注册账号；
第3步 登录并进入"会员中心"→"在线充值"→"充值卡充值"，充值成功后即可使用。

声明

最终解释权归社会科学文献出版社所有

客服QQ：671079496
客服邮箱：crgg@ssap.cn

欢迎登录社会科学文献出版社官网（www.ssap.com.cn）和国别区域与全球治理数据平台（www.crggcn.com）了解更多信息

卡号：332524699787
密码：

图书在版编目（CIP）数据

集体安全条约组织 / 牛义臣著 . -- 北京：社会科学文献出版社，2020.4
（国际组织志）
ISBN 978-7-5201-5349-2

Ⅰ.①集… Ⅱ.①牛… Ⅲ.①集体安全体系-区域性组织-概况 Ⅳ.①D814.1

中国版本图书馆 CIP 数据核字（2019）第 171860 号

·国际组织志·
集体安全条约组织（Collective Security Treaty Organization）

著　　者 / 牛义臣

出 版 人 / 谢寿光
组稿编辑 / 张晓莉
责任编辑 / 叶　娟
文稿编辑 / 徐　花

出　　版 / 社会科学文献出版社·国别区域分社（010）59367078
地址：北京市北三环中路甲29号院华龙大厦　邮编：100029
网址：www.ssap.com.cn
发　　行 / 市场营销中心（010）59367081　59367083
印　　装 / 三河市尚艺印装有限公司

规　　格 / 开　本：787mm×1092mm　1/16
印　张：12.25　字　数：185 千字
版　　次 / 2020 年 4 月第 1 版　2020 年 4 月第 1 次印刷
书　　号 / ISBN 978-7-5201-5349-2
定　　价 / 89.00 元

本书如有印装质量问题，请与读者服务中心（010-59367028）联系

△ 版权所有 翻印必究